黃煒祥在甘肅省天水市的卦台山考證（相傳伏羲是在這個山上畫出八卦）。

黃煒祥在浙江省樂清市的九龍頭山上一尋地現場。

黃煒祥同本門貴州一脈的傳承人趙清平在考察現場。

黃煒祥和本門江天潭的第十代弟子魯小蛟在浙江省紹興市的平水鎮考證蔣大鴻的自卜地。

圖三說明：此地是在浙江上虞，遠距離拍攝，由於它的獨高，四周眾山就顯的低矮了，此山本身并沒有結穴，而是發枝前去別的地方結穴。（浙江的東部是四明山脈，它的主峰也就1018米，所以，看一個地方山的高或大，要以這個地方的山脈來論）

圖四說明：照片拍攝於浙江省江山市清漾毛氏祖居地。在高山上拍攝，但此星體依然還有侵入雲霄之勢。

據江山市《清漾毛氏族譜》記載，江西吉水的毛氏是浙江省江山市清漾毛氏的分支，而湖南韶山的毛氏是江西吉水毛氏的分支，經二地的族譜合對，韶山毛氏的始祖毛太華是浙江江山清漾毛氏的第三十六代。

圖五說明：這個山每一個面都是一樣的，當地人叫它八面山。但它并不結穴，也不發枝，它是一個地方的應山，此地是在浙江的東陽市。

圖六說明：此地是在貴州的大方縣。

圖七說明：此地是在浙江的四明山，高山頂上，水明似鏡，呈圓形，池中的水無論是晴天還是下雨天，始終是不涸不溢。附近有一真龍穴地，是倒地木星結穴，由於來龍力大，堂局也生得好，向上又有仙橋和秀峰，葬下數十年後出一人，官至正部級。

圖八說明：此地是在貴州的織金縣，巨門土星結穴。

圖十說明：此地是在貴州的清鎮。龍是從山上下來，穿田而結，穴是在圖中樹的附近。

圖十一說明：這條龍氣力旺盛，背上生出許多石曜，似刀如劍，已臨近結穴，此地是在湖北的恩施。

圖十二說明：此在是地貴州的清鎮，在數十里外就已看到此山獨高，氣勢不凡。到了拍攝的這個位置已經是在半山以上了，而此山還是高高在上，及至後面上到了前面這個山的路盡頭，而那個山依然高不可登，因為它陡峭而沒有路可以上去。

圖十三說明：這是在後面高處側拍，山頭奇特而秀，已經可以看到邊上和前面的山已重重向內收抱，格局已顯現。此星前去必定結有好地，此地是在浙江的四明山。

圖十四說明：這張和圖十三是同一個山頭，這是在它的後面近處拍攝，可以看到送出的脈線短而細，足見龍力之雄厚。楊公說：「過峽龍顯真精神處，宜短不宜長……」

圖十五說明：這是祖宗高大生出父母，父母吐乳生出穴，穴是在白房子後面的樹林裡，圖中白色的房子下是一天然的水池，堂局十分的緊密，由於樹木太過茂密，在穴前拍攝不清內堂，這是在外面拍攝，也一樣看不到穴場。葬後，墳主的第二代即出一個一品官員。

圖十六說明：這也是圖十五之地，是從穴的左外側拍攝，可以清楚地看到祖宗父母星體剥換明顯，一路相生，面且秀美清晰，此地是在浙江的金華市。

圖十七說明: 眾多的山頭中, 穴星最秀美, 也最有氣勢, 眾山簇擁着它。

此地是在貴州的大方縣, 也是本門的師祖肉腳仙留下的地課之一。三百多年來, 依然還是黃花地。

這個地是由本門貴州一脈的傳承人趙清平找出。(這裡面就涉及到本門傳承的觀星斗和針孔之術, 即師父在穴地埋下一個銅錢, 即便是在百年之後, 弟子也依然能將銅錢找出來)

圖十八說明：這是行龍的變化，後面大山過來，送出一個圓秀的山頭，山頭跌斷伏下再起星辰，起伏變化明顯，山頭一個比一個要秀，山腳下有水橫過。

然而，這是一個花假之地，圖右邊的山生得高大繃面，呈反壓之勢，堂局一邊受擠壓，一邊過於空曠，没有案山等任何可用之物，前面雖有山横過，但不成星體，而且整體也有下壓之勢，無局可言。真結是向圖的左邊去了，放這個圖的本意是讓學者對真假之結有個了解，此地是在浙江的紹興。

圖十九說明：星體已經剥換清秀，就如鶴立雞群一般，下面結有一穴，此地是在貴州的織金縣。

圖二十說明：出脈寬大接近平鋪，沒有明顯的特徵，非眼力獨到者，就容易錯失這種地。

圖二十一說明：這是上圖出脈後，在田中間起一個低而圓的大土墩，這個就是穴星，周邊的山都比它高，而且都是開面相迎，上圖出脈是在它的左邊。（这是站在穴前拍向上，前朝有秀峰）

圖二十二說明：這是在穴前拍後面，在這個位置看，脈是從圖的右邊而來，圖中這個高起的山是穴星的護山，雖然勢力雄偉，但明顯可以看出，它對穴星是有謙讓和敬畏之情的。

圖二十三說明: 此地是在貴州的仁懷, 穴是金星開窩口。(開窩口, 指的是開鉗口, 開口又開手, 開手又開口, 窩中有突, 突上再開口, 雙腦開口, 雙腦開手等, 窩口又多是吐乳, 也有乳上再開口的, 其實, 這裡面的形體變化, 就是一個陰陽關係, 窩鉗是陽, 因為開了, 如同花開, 如同人的手掌, 乳突是陰, 如同花結了果, 如同人的手臂)。

圖二十四說明: 文星, 山體低部寬大, 頭上起尖, 此地是在浙江的上虞。

圖二十五說明：此地是在浙江的義烏市。頭，手，腳，身體各部位清楚，整體就像一個仰面的人形。

圖二十六說明：此地是在貴州的大方縣，土星化穴。

圖二十七說明：此地在廣州增城，據當地人說，這是賴布衣留下的地課，喝形為羅裙鋪地。

從現場看，從左邊的山下來，平鋪到右邊的山頭，這個實際上就是水星行地起了金星，穴就結在金星的窩口上。由於拍攝的地形所限制，二山中間水星行地部分没有全部拍出來。

圖二十八說明：這個圖主要是看它後面的山，圖上右邊的窩不是穴，是人為挖過的，圖中左邊下去才是，此地是在浙江的嵊州。

圖二十九說明：此地是在青海省貴德縣。站在穴星上拍攝，見來龍起頂出脈，過峽送出，為倒地木星，在節芽上生出一穴，有人家葬後，出一人為將軍。

圖三十說明：來龍束氣過峽，前去起星辰結一真穴，此地是在四川的瀘縣。

圖三十二說明：此地是在貴州的織金縣。

圖三十三說明：青龍出自後帳，高起開面，又向前轉抱有情。葬後第二代出一人，為民國時期的著名教育家，曾任教育委員會委員長。此地是在浙江上虞。

圖三十四說明：白虎出自後帳，透出秀氣，開面向前轉抱。這是在堂內側拍，葬後第三代，出一女子，嫁於當時國內的名門望族，後跟隨丈夫參加八路軍。建國後成為著名的社會和政治活動家，丈夫的名望和地位很高。

圖三十五說明：這個就是以圖中來龍為向。墳是做在案山背上，此地是在浙江的紹興市。

圖三十六說明：條案，此地在浙江上虞。

圖三十八說明：三台案，此地是在四川省自貢市的佛見村，是清朝戊戌變法的六君子之一，劉光弟發墳的案山和朝山。

劉光弟，是光绪九年（1883 年）癸未科殿試二甲第八十八名進士，授刑部候補主事，於光绪二十四年（1898 年）因參與變法失敗而被殺害於菜市口，他一生的成就與失敗，在這張照片上就能找到答案。

圖三十九說明：這是向上，圖中間田地上那個圓形的就是印星。看着好像是貼近了對面的山，但到對面去看還是有一定的距離的，這個就是拍攝位置產生的問題，實地拍攝尚且會出現這樣的視角差，那些在地圖上找地的結果就可想而知了，所以，學地理，是一定要到實地去看的。

此地在貴州興義，是曾任國民政府國防部長，行政院長何應欽的祖墳地，來龍是土星踏節，氣勢磅礴，白虎方有曜星直出，勢如冲天，整個穴場令人嘆為觀止。

圖四十說明：此地在貴州清鎮，朝山特別尖秀，出一吏部侍朗。

圖四十一說明：這個地是在四川廣安的鄰水縣，這樣的朝山，就主出狀元，官至拜相，能發二代人。

圖四十二說明：此地是在浙江省義烏市，因農家種植果園，有鐵網攔着走不過去，所以是從貴人的後側方拍攝的。

因為這個雙台貴人的二邊没有侍從，背後也没有屏帳，外陽雖然有遠秀，但是它的貴氣不是很重。經向當地人了解，在晚清時期出過一個翰林編修，解放後出過一個師級幹部。

圖四十三說明：堂局關攔嚴密，朝山特起偉然，此地是在浙江的上虞。

圖四十四說明：遠朝秀美，此地是在浙江四明山，墓主死亡時，他的兒子還不到十歲，後來兒子成家生得一子，此子後來外出讀書為官，一路做官到京城，官居一品。

這個地，從實際情況推算，是不到二十年便出了人，發的如此之快，是因為堂局生得好，仕途一路順風到京城，是因為朝山生得好。（看圖中可以細細品味）當然，它的來龍也是體形高大，而且是力大氣足，過峽處極短，極細，送出之脈一路前行到平田，約有二十里，中間又有好幾處結穴。

當年劉基尋龍到過此地，只留下地課，并没有破地。

圖四十六說明：此地是在四川省瀘州市，數數多多獨立的小山包散落在地，猶如兵營的帳篷，又因其來龍也貴，是五腦梅花，邊上還有令旗等別的貴星相配，故出一開國上將。

圖五十一說明，此地是在地四川的瀘州，喝形上水魚，是魚到河邊，呈逆水而流之勢，穴是在魚的腹部，是真龍來結的穴，其後人發財過億。

圖五十二說明：這是上面圖四十九上水魚的來龍，脈從圖中山上出來，穿田而過，一直到河邊而止蓄（看上一圖）所以，這條上水魚是真龍來結的穴，不是拋出來的砂，所以能作葬地，也能發而不敗。

圖五十三說明：此地是在貴州省清鎮市。喝形為鯰魚奔灘，有風水師把墳做在魚的頭上，下葬後十數年，墳主的後人就很快發富，但敗的也快，真正的一應即敗。因為它不是龍，是拋出來的砂，沒有脈氣，（當地也有傳說是被人破了風水而敗）

圖五十五說明：曜星，此地是在浙江的紹興市。

圖五十六說明：此墳葬於清同治年間，堂前之水直流而去，葬後第一代即敗，地是在四川的瀘縣。

圖五十七說明：此水一級低於一級向下而去，本應不吉，但好在二邊有護，前方還有點關攔，又是在穴的左下前方，穴的前面關攔還算周正，穴又是龍真穴，結的位置又高，而且是怪巧石穴，故出一地主人家。

圖五十八說明：田源之水，一級低於一級而來，呈撲面之勢，如果墳或房子水平正對這樣的水，那是要受凶煞的，地高或不正對則影響就小．

圖中之地是在重慶的榮昌區，舊時當地有一財主家建房，擇地的先生貪戀前面之朝，而不明此水的道理，把房子建在這裡，即我拍攝所站的位置，入住後二年的時間，就死了三人，不得不另擇他地遷走。

圖五十九說明：局內之水在這裡轉彎出來，入平田向外而去。此地是在浙江省紹興市。

圖六十說明：這是貴州的清鎮與織金和黔西南的三江口，這種鎮守不是為一個地，而是為大的區域。

圖六十一說明：虎形，遇天氣不好，清晰度不够，此地是在浙江的温嶺市。

圖六十二說明：此馬鞍附近有天馬山，正好是在午方，立午山子向，穴不在此圖上，圖中的馬鞍只是應物。

圖六十四說明：卓旗以立起為貴，穴是在我拍攝位置的後下方，不在此圖中。圖中有墳數座，都没有葬對地方，此地是在浙江的温州地區。

圖六十五說明：鐘鼓擺二邊，這是在貴州的畢節。

圖六十六說明：左鐘，此地是在貴州的織金縣。

圖六十七說明：右鼓，此地是在貴州的織金縣。

圖六十八說明：此地是在浙江的紹興市，小地名就叫席帽山。歷史上出一有名的御史。

圖七十說明：這是土星變棺木，此圖附近有龍真穴地，此物為龍真穴所用，局內還有殿上貴人，卓旗，筆架山，王印，獅象鎖水口等，當年劉伯温尋龍到此，留下一個地課。此地是在浙江的上虞。

圖七十一說明：穴在中，此地是在貴州的大方縣。

圖七十二說明：石竅穴，石下的土稍作開挖就可以了。此地是在四川的瀘洲。

圖七十三說明：上圖石竅穴的青龍。

圖七十四說明：圖中的圓墩是一個墳，此墳是龍真穴地，立向就是合金魚水，朝對正確，葬後，第二代，第三代都有應發之人。此地是在浙江上虞。

圖七十五說明：這個墳是建在一個取石開採出來的石台上，圖中白色圍欄即是，墳台到地面都是垂直的高坎，約有三米多高，從外面公路上進來的小路直對着墳地，到了堂中才向左拐再右拐到墳上，實在是墳地太陡峭了，上不去才這樣走的。這個看上去像明堂的地方，是以前開山取石時挖出來的，而不是自然生成的，所以這個地方才會這麼陡峭。圖中墳台下面的綠植，不是樹木，而是一年一生的草本，到冬天便枯黃。這是從右前側的位置拍墳地。

圖七十六說明：這是青龍方，完全空缺，只有幾棵樹木和竹子，再外面就是空曠之地，受風吹明顯。

圖七十七說明：此地是在浙江的紹興，地名黃蛇嶺。應當地一黃姓人家之請，為其父选一葬地。

圖七十八說明：墳是在藍色小房子後面的樹林中，現在被果園用鐵網圍起來了，圖中的溝渠為第二重水，橫過到右，墳地前面的第一重小水也是横過到右并入此溝渠。這是站在溝渠外側的高路上拍攝。（對穴來說，面前的水是從右横過到左）

圖八十四說明：此地是在浙江的上虞長塘，現名為狀元嶺，石牌坊是後來修建的，石牌坊後面的這個山，當地人叫它大尖山，實際上是大貴人結作。

照片上黃色的山體和路，是前幾年在邊上修建公墓被開挖出來的，原本應該是龍穴的外側，穴場有二重纏護。這個地方，民間傳下來叫龍圍城，是有龍脈圍抱的意思。

已經有四百年左右的時間了，出二個狀元的發墳都已難以尋找，但龍體的形巒格局都還在，還是能依此而進行解讀分析的。

圖八十五說明：這是向上馬山，因正在修建的高鐵緊穿案山而過，明顯見過案山已被開斷，案山原來的形態已經不復存在了。

正面都有樹遮挡看不太清楚，為了能够看的清楚一些，照片都是從偏側面拍攝的。其它還有筆架山，隨從，仙橋，列隊，卓旗等，大貴人為戌山辰向，學者有興趣的，可以實地去考究。

圖八十六說明：這是大貴人後面的來龍。

圖八十七說明：這是少祖下來，起伏成馬的形狀，紅箭頭指向的是少祖山。

圖八十八說明：由於上次拍攝的照片找不到了，今年重新再去拍攝的。圖中紅圈就是穴星山。

圖八十九說明：這是向上。這顆樹的後面就是一個秀峰。當時沒拍好，但二邊的彎抱之勢還是清楚可見的，包括堂局之水。

圖九十說明：這是右邊白虎方，展開環抱，青龍方都是高聳的建築物，没法拍攝了。

圖九十一說明：這是向上天馬，因為墳地已經被農家的房子包圍，墳前拍不到向上，所以是在村口左外側拍的向上。圖中的水，是從天馬山那裡轉折過來的，左邊的山，是青龍開展過來的。

圖九十二說明：圖中有山伏着的地方就是去水口。

圖九十三說明：此地是在浙江上虞的南部山區，小地名叫七姐妹山，劉基在此留下一地課。圖中之水是外水，在穴地是看不到此水的，去水口是獅象把守。

這個地我去找出來時，整個地方沒有一點的破壞，而且還是黃花地。格局上有卓旗、玉屏、筆架、印等、穴山是木星體。

所以，我認為傳說劉基到處破風水，應該是民間的誤傳。

圖九十四說明：這是上圖穴地前面的水。經向村民了解，此水從來没有乾涸，也没有滿溢過。

圖九十五說明：這是站在墳頂上面拍攝的。可見其堂局關攔總體上還是周密的，特別是青龍方，不但有力，而且還真情顯露。

路是從右前方的田邊上來的，在圖中可以看到的右邊是直直的，這裡是有一個落差比較大的高低坎，坎底下是一條進出山的直路，還不算小，旁邊另外有山來關護，但觀整個堂局，雖然生得有情有格，但細細分析，還是美中有不足，煞氣明顯，有傷年輕之人的憂患，也主初時不利。

劉基死前對兒子說後面二代會不好，會有出凶之事，大概是基於此了。

圖九十六說明：這是第二重青龍方，可見有明顯的關攔之勢，而且是厚重有力，又可見前方群山層層展開而來。

圖九十七說明：這是右前方，大貴人迎立。

圖九十八說明：這是中堂，二邊開屏，局勢緊密。而堂外之向上是文峰立朝，不但生得清秀，且形似蓋星，貴氣顯重。

圖九十九說明：這是從對面山上反拍來龍，來龍穿山而來，氣足勢壯，星體變化清晰而端秀。

圖一百說明：這是在明堂水口位置的左側拍攝的，脈從圖中的正前方下來，也就是從戌方發出的嫩枝，圖中白房子的後面就是下脈結穴的地方。

可以清楚地看到，這個脈像個字又不是個字，似正非正，似偏非偏，是左右擺動着下來的，像這樣的脈，它的結穴一定是非常精妙的。

圖一百零一說明：這張是青龍方，開面伸展，龍虎各有二重。

圖一百零二說明：這是白虎方，開面後向前轉抱。這是因為這個堂局稍有點寬大，而且略顯偏右，所以白虎在開面後，先於青龍開始轉抱，十分的巧妙。

圖一百零三說明：這是來龍入首起頂，大伏大起，到庚方起頂開面，星體尊秀，氣勢有力。

圖一百零四說明：這是在堂外反拍穴場。

圖一百零五說明：這是穴場的外陽方，外砂朝拱情真，丙方有朝山秀麗又層層起伏，內水順走經望仙橋出辰方，圖中外水橫過作關攔。

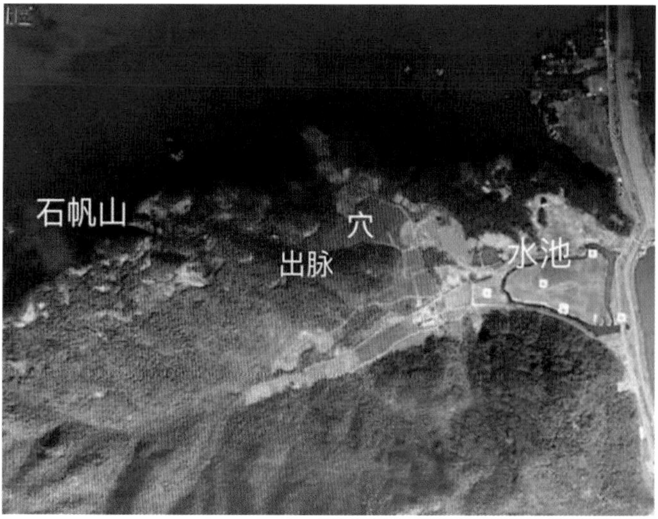

圖一百零六說明：這就是沒有開發前的原始地形圖，大致可以看出來龍起頂出脈，穴星，以及穴前的兜收和天然的池水，堂中之水纏繞後經望仙橋滙入前面的河流。

圖一百零七：向上秀峰

圖一百零八：右前方馬山

圖一百零九：左前方關攔

圖一百一十說明：來龍是罡體，没有一點化氣，星體也是不尊不秀，二邊又没有龍虎和纏護，明顯的不是真龍之地。而且罡體上是絕對不能做葬地的。

圖一百一十一說明：此墳不但遷葬在罡體上，而且還是做在一個洞穴口，洞中又有寒氣出而逼入墳中。（主煞气重而出凶，日久败绝）

前言

地理之道，起於自然，源於太極，太極化出陰陽二氣，它流行於天地，催生出萬物，所以陰陽二氣是萬物之源，又因為它無處不在，萬物才能生生不息。太極本來就是無形的，它所化出的陰陽二氣也是沒有形的。相傳有古人上看天文之排列和運動的規則，下察地理變化之形勢，又將陰陽二氣化出五行，五行即天上之五星，於是就有在天成象，在地成形之說了。

五行本是金木水火土，以此分形，於是世間萬物都是有形可尋了，又以萬物之特性，分出五行之特性，又以五行的特性來論世間之事物。這樣，一切都是有依據了，地理之道原本就是如此。

地理之道，自晉代郭公寫《葬書》以來，為世人所識，也為世人所用，逐漸成興旺之勢，歷朝歷代多有名家輩出，也多有寫書作傳的。

然而，由於是傳承的關係，真術歸於隱秘，書也是一樣。或者是學者的錯誤理解，於是錯誤的東西也同時出現。特別是到了明清二朝，關於地理之書俯首即是，形形式式不下百種，學派也是各有門户，真真假假讓人難辨認，偽法因此而得以盛行。

而到了現在，借於傳播方式的便利，這種狀況更是有過之而無不及。出現了以寫書而博名博利的現象，全然不顧内容的真假。於是，有寫書者不但做敗了別人的風水，也將自家風水做敗了的不在少數。把原本自然而簡單的地理之學，變成紛繁而複雜的名利之道，可嘆白白浪費了時間，誤了人家又害了自己。

其實，做我們這一行的，真正的名聲不是寫出來的，也不是炒作出來的，而是做出來的，是要靠水平和時間積累的，是要靠別人口口相傳的，那些空虛的名頭，猶如盛開的曇花。

在地理這一學術上，就有先賢説過，今生為師，後世為仙。這個話的意思是，做風水這一行的，真正的名聲是在身後，而不是在今生。

這個話的原由是這樣來的：以前人家請先生擇地做風水，都是講規矩的，什麼時候，請了哪個先生，擇的什麼地等等，都是會有記錄的，都是會告訴後人的，等到當初所說的都一代一代應驗了，東家的人便會惦念起先生來，而這個時候，當年的先生已經不在人世了，東家的人就尊稱他為仙師了。常見以前人家的家譜上，多是有請先生擇地這方面事情的記錄，這既是告訴後人要有感恩之心，也是對先生的尊敬。

再來看這個「名」字，是夕的後面一個口，夕字在前，口字在後，夕，是太陽西下，是人老而歸去，口是後人之說。可見，這個名聲一定是身後的事，只有身後還被流傳的，那才是真正的名聲。

所以，大可以看淡身前之名，博出來的名，是短暫的，它未必能流傳到身後。而利益者，一個人一生能得多少，都是有定數的，若是去強求，必定是會招災若禍的，君可見世間有多少的災禍都是因財而起，所以，利益者，順其自然為好。

學習地理，是一個很辛苦的事，不是上個網，看幾本書就可以的，看書只是幫助了解，即便是有明師傳授，也還是要多走多看，到實地去用心領悟才能得道。

而如今科技發達，手機和電腦上都可以查看地圖，於是很多人總是在地圖上找地，殊不知，在平面上看，同實地看是不一樣的。因為視角不一樣，看到的形體也就不一樣了。所以，要學好地理，腿腳一定要勤，不要做屋裡面的先生，想當年隨師登山學習，十天跑壞一雙鞋，那是怎樣的一種辛苦。

天下本來就沒有什麼秘訣，因為任何一門學術，它的最高成就都是來自於基礎，精妙的東西都是在基礎當中。你最後所用到的，也都是基礎知識。所謂的秘訣，就是對基礎知識的運用方法，你不理解，不知道怎樣運用，它就是秘訣，你理解了，知道怎樣去運用了，它就是基礎。

所謂的天機，其實就是自然的規律，也就是宇宙運動的規律，你掌握了這個規律，也就是掌握了天機，沒有什麼不可泄的，世說不可輕泄的，是指領悟的心機和應用方法。

古書上都是配有手繪圖的，但手繪的圖同實地看到的形狀還是有不一樣的，用上實地拍攝的照片，學者的感受會更加直觀。

書中有照片九十一張，都是我多年來實地拍攝的，過程很辛苦，但也很快樂。看到一個好山，找到一塊好地，可以獨自待上半天而細細品味，也會一而再，再而三地跑去欣賞，這種快樂是他人無法想像和感受的。

另外，書中也配上了部分手繪圖，這些圖古書上也都有類似的，之所以要重新手繪出來，一是整體巒頭用照片是拍攝不全的，只能用繪畫的方式來展現，二是把一些相似的形體放在一起，有利於分辨認識。

我寫此書，并不是說我已學的有多高深了，到現在我還都是在學習之中，天下之學無止境。我只是把地學之理做一個歸納，不作長篇大全，因為道理都是相通的，只有闡明其中的道理，或者還可以給有緣者提供一個登入仙道的台階，讓他們少走一些彎路，僅此而已。（古時將做風水的稱為地師，技藝精通者，則稱為地仙，仙道，即學成之道）

真傳的東西只有一個道理，對它的敘述大概也就一種說法，所不同的只是文字運用而已。如在對某些形物的敘述上，出現同其它他書中有相同的敘述，也是正常的，不足為奇，因為它只能是這樣敘述，又都是先賢傳下來的學說。

地理之道，重在巒頭上，巒頭就是形體，所以又稱為形家。有形才有理，而這個形又一定是在理上的。要知道任何一個形體的生存，都是有出處的，都是有它道理的，絕不是憑空而設的。只有識得其形，才會知道它的理，這有如一個物件擺在面前，你都不知道它是什麼，那又如何去使用它？總有人用理氣去套巒頭，却不去想想，地之形早已在前，你用理氣是在後，這就像一個三歲的人去要求一個三十歲的人，除了白白錯過好地，只是給人增加茶餘飯資而已。

文公先生說：「第一要緊看巒頭，巒頭真時穴可求，倘若巒頭不齊整，縱合天星也是浮。」意思是巒頭為第一重要，然後才是理氣，假如巒頭都不是真的，那理氣又有什麼用。

蔣大鴻先生也說過：「巒頭不佳，理氣不合，天星亦無用，巒頭本也，理氣末也，天星末之末也。」

所以，理氣應當以巒頭為準，巒頭可以作為理氣的求真。一個高明的地師，他一定是先看清巒頭，然後才是用到理氣。

學習地理，雖然很辛苦，但也很快樂，最主要的還是要耐的住寂寞，一個人穿行在山川江河之間，是没有人來同你交流的，你也没法同人家去交流，唯有自己的心同山水之間的交流。

當你有一天獨自站在某個山頭，看眼前的山轉水彎，看眼前的一個個擺列，除了由衷的感嘆，你的内心還會有一種從來没有過的孤獨感，那你就進入仙道了。只有將自然的規律和知識都融會貫通了，能靈活運用了，才會心生孤獨，之所以會有這樣的感受，這是因為你看懂了。

做地理的，一定要常懷平常之心，分清善惡，不可有貪念之心，天下之地都是在等待有福緣之人的，不是你所能貪求的。

做地理的，對大自然一定要懷有敬畏之心，要知道，山山水水都是有靈性的，是不可隨意妄為的。

形巒上的各種東西，其它古書上都有寫到，本書就不再詳細羅列，只是选常見的，而且是有代表性的，去繁就簡，把地理形家的道理講清楚，因為不管有多少的形體和變化，它的道理都是一樣的。

黃煒祥

二〇二二年正月完稿於浙江上虞祥和居

目錄

一　五行論

地理之術，簡單地說，就是看山察水。這個看，不光是用眼看，還要用心看，察也是同樣的道理。

要看清山是怎樣的起伏，怎樣的變化，又是結出怎樣的星體，擺出怎樣的格局。更要觀察水是怎樣的來，怎樣的停蓄，又是怎樣的去，是否有情等等，要明白任何一個東西的存在，都是有它必然的道理的。

看山察水，從易理上來說，就是要看它們的陰陽變化關係，世間之事物都是出於陰陽，天人地三者，天有日月為陰陽，人有男女為陰陽，地有山水為陰陽，無一不是。

就論地理上的陰陽，山為陰，水為陽，突起者為陰，寬平者為陽，鼓起者為陰，開面者為陽，緊細者為陰，寬大者為陽。陰陽二物特徵是很明顯的，看上去比較容易區別。

但實際中，陰或陽并不是單獨存在的，經常是陰中有陽，陽中有陰，二者總是相互存在的。如果只有陰而不見陽，那就叫孤陰不生，那是要絕的，如果只有陽而不見陰，那就叫獨陽不長，那是要敗的，所以，最不好的就是孤陰獨陽之地，這種一定不是龍真穴地。

所以龍真穴地，它一定不是純陰，也一定不是純陽，只有陰陽相交，才能有化氣，才能有生長。所謂陰來陽受，陽來陰受，說的就是這個道理，所以，看地一定要先明白陰和陽的關係，才能在形體上分清陰和陽。

陰陽是父母，所生是子女，子女又各不相同，也各有陰陽。五行是陰陽所生，所以五行也是有陰陽之分的。

山的起伏變化原本就是有形體的，然而，它的形體又一定是有它所對應的五行，又稱之為五星。

五行者，即金，木，水，火，土，這是五星的正名，它們各自的形體是：尖，圓，方，曲，直，這是五星的正形。從一個直白的角度來說，山的起伏變化就是五行的變化，所以，山的起伏變化是有一定之形，也是有一定之理的。五行中變化最為無常的是水，因為它體柔而性蕩，可變性强，因此，它的變化雖然有一定之理，但是又無一定之形。

下面二張圖，就是金，木，水，火，土五星的正體形。

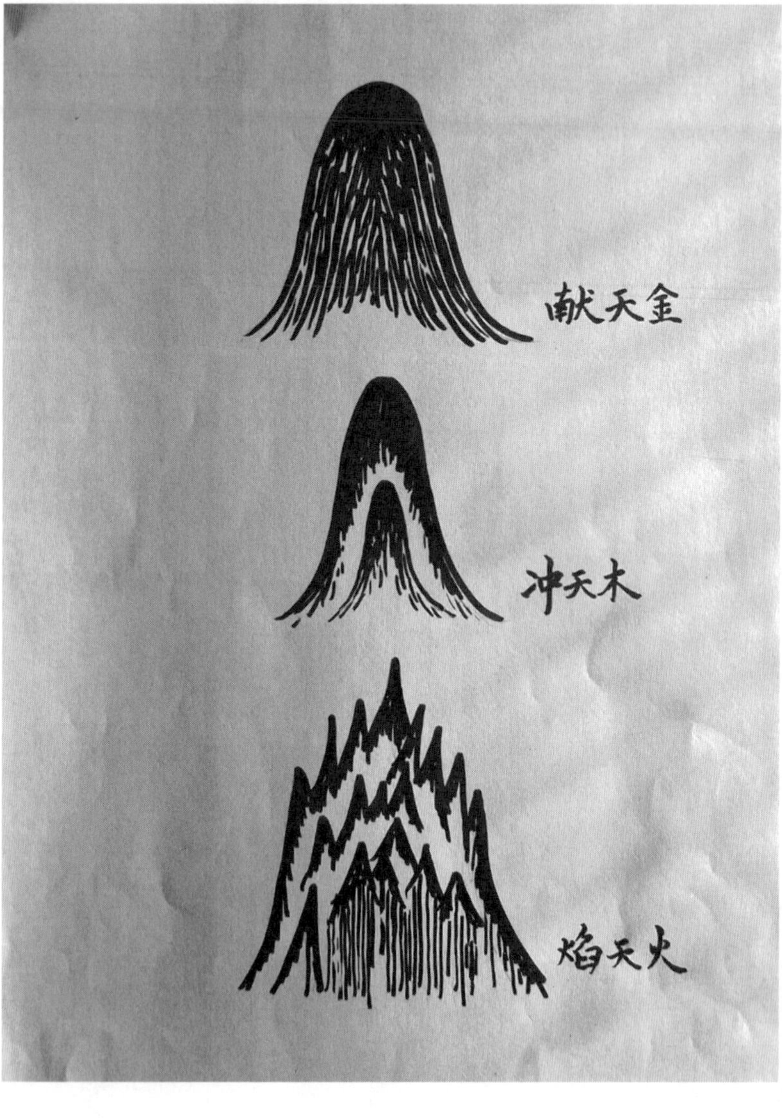

圖一

圖二說明：上面這二張圖都是重新手繪的，古書上也有類似的圖，但都是按内容分散的，為了方便學者，特用手繪將圖畫在一起。

五行之木，即東方之木星，它的形體是直而上，為文星。主出人文章清秀，聲名遠揚。因為木星身高聳又枝葉茂盛，風吹過而枝葉有響，雨下落而接水有聲，所以會有此應。

木星同火星有相似之形，二者的區別在於，木星圓净峻峭，頭部尖而圓，火星腰腳如覆釜之勢，頭部細而尖。

五行之火，即南方之火星，它的本性燥烈，但它的形體却是最為尖秀，稱為祿星。比如火星變出飛禽類的形體，那是最為尖秀，最為難得。但火星是屬於吉凶相對的形體，發達最快，但也容易見到凶災，敗的也快，這與火的本性有關。

火星與曜星十分相似，是屬於同一類的形體，二者的區別在於，火星有焰，曜星是没有焰的。

五行之水，即北方之水星，它形體小巧而性柔軟，没有那種軒昂之氣，它為秀星，主出人聰明智慧。但它的秀氣要次於木星。如果邊上配有惡砂，主出人陰險奸詐。

水的形體有方形，有圓形，有直瀉，有停蓄，有行地等等，最為變化無常，難以捉摸。

五行之金，即西方之金星，它的形體是圓而秀，但也有那種是刀劍之形體的，所以金星主武，也主清秀。

金星有時候也有兼文武的，這主要是看龍的祖宗或父母，比如祖宗父母是文星的，而子孫是金星，那是文官帶武職，如果祖宗父母是武星的，而子孫是文星，那就是武官帶文職。

有時候是金星自身變體，也會從武變到文的，比如虎形，馬形，印星，箱體，獅形等（木星也能變成印星，箱體，土星也能變成馬形，虎形，獅形）。

也有金帶火曜，這是金星得火而成器，叫成器之金。

金星和土星的關係最大，二者的比較是，金星小土星大，金星多靈巧而土星多厚拙，金星的曜可以化成石，而土星的曜不能化成石，所以，土星是沒有曜的。

五行之土，位居中央，所以土為五星至尊。凡是由土星傳變出來的龍脈都是沒有凶煞之氣的，而它的力量也是最為厚重的，比如百萬倉，平天冠等，都是大富大貴的星體，因為土為財星。

土星厚重而拙，周行度慢，所以它應發的也慢，但它發達的時間也是最長的，可以經歷數百年而不衰，因此，祖宗為土星的龍脈，最適宜家族的子孫繁衍，這個就好比樹的枝葉茂盛，可以歷千百年而不絕宗祠。

金得土所生，所以金是土的星，木得土而培，所以木是土的華美，水穿行於土中，所以水是土的脈。這就是大土星為什麼是先生出這三種星體的根本之理了。

五星的形體有大有小，叫法也不一樣，但終究是以形取名的，這是一個特定的規則。要注意的是，五星雖然都各有自身的特性，但是，木不能全部叫作文，金不能全部叫作武，火不能全部叫作祿，水不能全部叫作秀，土不能全部叫作財，必須要了解星體的兼變之理，也要辨清星體的強弱之分。

正體五星，是指星體的形狀單一而清晰，不嫌有別的星體，但是有體形大小之分。

獻天金，金星中它的形體是最大的，就像木星一樣高起，體闊而頭圓，有直侵雲霄之勢。

體形中等的如金鐘，玉斧，

體形小的有覆釜，偃月，銅鑼等。

體形正圓的為太陽，體形半圓的為太陰，都是有區別的。

金星如果生得堅硬的，就稱之為罡體，為没有化氣之體，所以就叫做罡體不化。這種就主性暴頑惡。比如虎形是連金體，它是煞氣没有脱卸清，假如在穴外有虎形窺穴，這個就是噬屍地，是大凶之地。

冲天木，木星中它的形體最大，是腰圓而身高聳，底下圓秀，頭上起一個尖。此星為文星，為第一貴星。

體形中等的如貴人之類，

體形小的有交枝木，頓笏，蔓生木等等。

木星論幹枝，幹為勢，勢有大小，枝為行，行有長短，比如枝又生枝，這個枝就生的長了。

木星生花，如天葩文星又稱立地花朵，主出科第文章，又如梅花木是主出狀元，其它還有千葉芙蓉花，海棠花等。

漲天水：水星中它的形體是最大的，它連綿起伏，就像水浪，一層高過一層，還有雲母水，也是水星中的大體形。

體形中等的如水晶帳，或者如三腦，七腦，九腦芙蓉帳，體形小的如生蛇腰帶，荷葉形，或像水星行地之類的。

焰天火，火星中它的形體是最大的，就像木星一樣高起，頭上生出好幾個小尖峰，中間氣勢豪迈而且秀麗。這個又叫貴星出座，要論它貴氣的大小，那就看它山尖的大小。

其它體形大的還有龍樓鳳閣，也有列炬燒天形等等。

體形中等的，有火化為旗的，如走旗，戰旗，降旗等之類。

形體小的，如菱角，犁頭等之類。

火星如果是生在山裡，那它一定是龍的祖宗，如果是生在水邊上，那它一定是來守門户的，如果是生在帳角，那它一定是化作旗槍的，如果是生在水中，它一定是化作禽星的。

湊天土，本身是土星高起，它勢高力雄，看着似乎可以上天，所以又叫上天土。是土星中體形最大的一種，如果有龍穴是從它的身上開枝而出的，那它的力量是最大的，主出富貴福祿之人。

體形中等的，有玉屏，玉案一類的，

體形小的，如厨櫃，金箱。玉印一類的。

天倉是土星墮角，土星相連叫做連城帳，還有那個天橋，展誥等都是土星變化而來。

（參圖三、圖四）

1 九星

五星是有變化的，不是只有五種形態，有金星帶木的，有土星帶水的，有金星帶火的，有木星帶火的，有木星帶水的，有水星帶金的，這個又叫做五星變出九星名，意思是指變化多端，比如獅子是金頭土身火尾。

所謂九星，就是貪狼星，巨門星，祿存星，文曲星，廉貞星，武曲星，破軍星，左輔星，右弼星。

九星又有老九星和天機九星之說。

老九星即楊公九星，楊公用它觀龍就能知道穴結在哪裡，有歌為說：「貪狼頓是笋初生，巨門天馬屏風列。文曲排來柳枝形，惟有祿存猪屎節，武曲鏝頭圓更突。破軍破傘拍板同，左輔幞頭無別法。」

這個歌裡面，貪狼指的是木星，巨門指的是土星，祿存是金木兼體，文曲是水星，廉貞是火星，頭尖帶焰。武曲是金星，破軍是金頭火腳，左輔形如幞頭，右弼是隱曜，没有形象。

天機九星即廖公九星，廖公用它尋龍點穴，察砂水明堂。有歌為說：「金星高扁別陰陽，紫氣即是木星樣。頭圓高者名金水，天財土體三樣裝。天罡頑金腳拖火，孤曜頑飽不圓方。燥火火星掃蕩水，九星楊廖各分張。」

這個歌裡面，金星高扁指的是高金體和扁金體，紫氣指的是木星，金水指的是金水兼體，天財指的是土星，三樣裝指的是平腦，雙腦，凹腦。天罡指的是金頭火腳，孤曜頑飽不圓方指的是金木兼體，掃蕩水指的是起突不平的波浪之水星。其實，所謂的五星變出九星，就是正體五星以及它的變體和兼體。這三個合為太極陰陽，就是尋龍點穴的關鍵，能夠運用自如者，就是對陰陽五行變化的深刻理解和掌握，這也是達到形家最高境界所必定要具備的條件。

下面細說一下九星的特點，

貪狼星：是土星上生出一個木星，它的形體就像頓筍出於土，頭圓身體直，也就是小而直上。

貪狼星結穴多是結在乳頭上，乳宜上面細下面寬大，前面有裀褥，左右要開面。

巨門星：它的形狀像頓笏和几屏一樣，但它的左右是沒有腳的，又多有武曲，輔弼擁列在一旁。

巨門之穴多為開窩口，窩宜平中有突，左右要開面，前面要生出裀褥。

祿存星：它的形狀像頓鼓一樣，下面是有木腳生出的，或者是有小的墩埠，以整體圓凈為祿，如果有破碎的，那就是煞了，而它的行龍又多帶有輔弼二星。

祿存之穴像梳齿或者像披髮，要屈曲活動，以起頂開面為真。

文曲星：它的形狀就像蛇一樣蜿蜒曲屈，大多為山中行龍過脈，如果是自身作龍，多是帶有輔弼二星。

文曲之穴，坪坡如掌心，掌有突泡圓凈，下面生有裀褥為真。

廉貞星：它是火形體，是龍的祖宗，粗雄高大，它的本身是不結穴的。它的形有四種，即尖者為龍樓，平者為寶殿，獨峰擺腳的為旗，土頭石腳的為曜，

廉貞星有二種特殊的形體可以作穴，一種是博換出嫩星，比如博出大的石頭，

脈線和媛，下出唇口，可作壓煞穴。一種是來勢急雄，脈線閃出一旁，作閃穴。

武曲星：它的形狀像頓鐘，頓鼓，體圓而聳起，看上去顯得比較厚重，但它的左右是沒有腳生出的。行龍多帶輔弼二星，也有間帶巨門星的。

武曲之穴，即釵鉗穴，二股斜曲為釵，二股正直為鉗，以二邊開面，下面鋪出裀褥為真。

破軍星：它的形狀就像走旗一樣，下面又生出火腳，猶如長矛槍戈，行龍多帶輔弼二星，也有間帶貪巨武三星的。

破軍之穴，脈要上面大下面細，上面大的地方要起頂開面，下面細的地方拖出尖嘴，左右要屈曲包裹為真。

左輔星：它的形狀很像幞頭，前面小而後面大，左右有微微的走勢，它總是在貴龍的左右為輔，如果它是在山頂天池旁，則為侍衛，在明堂為天乙太乙，在峽為金烏玉兔，在水口為天關地軸，在垣前為執法。

左輔之穴像燕窩一樣，窩宜平淺有珠泡為真。

右弼星：此星是在貴龍的一邊，與左輔相對，它的本身是沒有正形的，只是隨曜星的高低而生，是行龍過脈散落於平陽之中，有的如仄月，有的如拋梭，有的如馬迹線，蜘蛛線等。

右弼之穴像雞窩，要左右均平，以頭圓開面為真。

五星的正體尖，圓，方，曲，直，都是單一形體，比較好認，而九星因為有圓中帶尖，方中帶圓，直中帶尖，圓中帶曲等諸多的兼變之形，就相對不太好認了。文字上描述的最詳細，也只能是功半，特別是那些兼體和變體，由於形態眾多，如果只看文字描述，不但難以有明確的概念，而且還容易搞混。

所以，在下面各章節的內容中，都配上一些實地拍攝的圖片和手繪的畫，以幫助學者有一個感觀上的認識。不至於某天到了山上，對身邊之物認知太遠。

（參圖五）

2 金星兼變之形

金星本身是圓而秀，在形體上有高中低之分，也有太陽金和太陰金之論。

金是得土而生，所以金與土本是一家，金可以生水，所以金與水又總是一體，金可以剋木，但是弱金可以助強木而成器，金遇火為銷鎔，所以金怕遇到火，但如果是弱火，則是助金而成器。

因此，金與土水在一起的多，與木火在一起的少。

堆地金：是有數個或數十個圓形的小山墩疊成一堆，就像金塊堆放在地上，這種為吉論，但邊上不能有曜星生出，如果有曜星生出則為破敗。

出土金：指的是山為土星，上面生出圓頭為金星，這種是土生出金，是金土相兼為吉，主富而貴。

出火金：星體的頭部和身體部位都是圓形，而在腳上却生出石尖似火焰，這個是金得到火的焠煉而成器，也有頭部不圓，但形體為刀劍的，或者為其它金器，是金火兼變。

缺折金：指的是金有開口鼎足，這叫陰受陽傷，是天地造化生成，主福少而多生禍端。（這種不是金星開窩口的那様）

水頭金：是水星行地到頭，起一個圓埠形的小山，這就叫金水為一體。

火頭金：是金星頭上有破碎，這是金火相兼，但金為火所破，這種不是正龍，是不能作穴的，只可以作為帳上或門户之用。

其它如金瓶，金爐，蟹形，龜形，馬形等都是金星的變體。（參圖六）

3 木星兼變之形

木星本身是直而上，形體顯明。木星得水而生，所以木與水常常相遇，但如果水過大，則這個木是無根而漂，為無用之木。

木要剋土，但又離不開土的培育，比如屏下貴人。火賴木生，木遇火為焚，所以木怕遇到火，金要剋木，但如果是木强金弱，則木能成器。

因此，木星總是與水土共存。也有木火在一起的，那一定是吉少凶多，如果和金在一起的，就要看它們的强弱。

倒地木：這是木星的變體，是指木星眠倒在地，又没有生任何枝腳，只是在頭上生出節芽，這種星體，它的穴就結在節芽上。

行地木：也是倒地木的一種，所不同的是，它的兩旁生有枝腳，像似龍在行走，也是屬於木星的變體。

架火木：這是木火兼體，本來只是木星直立，但它的頭上却生出幾個像火焰一樣尖頭。

穿火木：這也是木火兼體，它指的是木星的邊上多生有像火焰一樣的小尖峰，這種木如果没有傳變，而仍是以木傳入結穴的話，則為瘟病之象，是木為火所傷之故。

發火木：是木火相兼，它指的是木和火同行，但二者要有強弱之分。如果是以火星為主，則是火旺，如果是以木星為主，則是木旺，最怕是二者對等，那就叫主次不分，為不吉。

穿土木：這是木土兼變，它指的是土星中有橫木或直木，土星高，木星也高，土星低，木星也低，這實際是木星穿土而出，是得土培而旺，所以，這個木根基深，亦為貴。

也有山崗低平的土中，有橫木，眠木，而土有起伏狀的，這種也是以吉論。如果木穿土而不出，這叫木被土壓，這個木就是腐朽之木，不以吉論。

浮水木：這是木水相兼，它指的是木星倒地，四旁又有水腳生出，這個木就不為吉了。因為木雖然是以水為生的，但是水多了則木就會飄，所以這個木就是無根之木。

穿水木：這個也是水木相兼，它指的是木星穿水而行，但要木強水弱為福，如果是水强而木弱，那就不為吉，因為這是漂流之木，也是没有根基的。

穿金木：這是金木兼變，它指的是木星傳變起金星，金星又傳變出木星，這個叫作木穿金而出，是成器之木，這個木就為貴了。因為木是要金來雕琢的。但如果穿越之後，兩邊護送的都是金腳金手，那就是金過旺了，木所不能承受，也就是說，這個木是一定要被金所傷的，那就是不吉為凶了。

脱金木：這是金木兼變，它指的是木穿金而出後，立起成為星辰，頭尖而秀，這個木實際上是已經成器，從而顯貴了。

眠木：是真龍到頭，開枝展腳，像一個人的形狀。因為人躺下的時候手腳都是展開的，所以，這樣的木就稱為眠木。

坐木：是真龍到頭，生枝生腳彎抱向内，像一個人在打坐。人在坐着的時候，手腳都是彎屈的。

蘆花鞭：這個是水木兼體，是木星帶水，水木裊動，又帶有花點，這種可以貴至翰林，一般多出狀元。没有花點的，只稱為蘆鞭。

瓜藤龍：是藤蔓枝，也是水木體，是從龍的枝幹上出來的。

4 水星兼變之形

水的形體雖然是變化多而没有定數，但它變化之前或變化之後的本身還是有一定之形的，有停蓄成池塘的，有流轉成河的，有高處跌落成瀑布的，有山體變化成水形的，有山腳或平崗展開如水形的等等。

而很多時候，水從土中出，所以水總是要害土的，水又是得金而生，所以，金水總是一體，水可以生木，但過旺也會害木。因此，水星的兼變之形多是與金土相關。

天門水：指的是自然形成的池塘，或者是有水從高處落下的承接處形成的水塘。天下雨的時候，這池塘的水就向外滿溢，天晴的時候，這池塘的水就會乾涸，而且池底的泥就像化了石灰的池，用木棒可以插入，但又插不深，這種是最為不吉，主出人客死而亡，或家財不聚，或仕途不進。

天池水：是指在高山頂上自然形成的池塘，一般以圓形為多見，也有不規則的，又大小不一。唯池中的水清明如鏡，下雨的時候，池塘的水不會向外滿溢，晴天時，池塘的水也不會乾涸，這種水是非常的貴氣。

地池水：是指山腳下有自然形成的水池，有圓的，也有不規則的，下雨的時候池水不會滿溢，晴天時候池水不會乾涸，這樣的池塘一般是在龍的左右各有一個，所以又稱為養陰。

行地水：這是指平崗低平之地，它的形狀就像水流在地面上，并不是指地上有真的水在流。它的上面如果是草木不生，這也是最不吉的地之一，葬後是要敗絕的。

浮木水：這是水木兼體，它指的是木星兩旁有水，一般多見於倒地木的兩邊。

淘土水：這是水土兼體，它是指土星腳下，有水腳生出，但又是都圍繞着土星。

浮屍水：這個實際上是水土兼變，它是指土星的形狀生得不好看，像腫屍一樣，在它低平的地方又有水腳四出，而且散亂。

下棺水：這個也是水土兼變，土星原本是方而長，二頭的大小是一樣的，而這種星體，却是生成一頭大一頭小，形狀像棺材，又在四方低平之處生出水腳，而且散亂。

淘金水：這是金水體，它指的是平崗低平之地為水，在上面生出小小的堆埠，但二者以水星為主，似沙土在水中淘洗，也有從平崗兩旁生出水腳的。

淬金水：這是金水兼變，它指的是金星穿火而出，然後又見到水星。

錦被：為平鋪曲動者，上面有花紋，如果是平鋪而起波折，又有花紋的，則為錦袍。

千絲珠：這個是金水兼體，它指的是從高崗上有多重絲線垂腳下來，下端是珠形，顯得貴重。

（參圖七）

5 火星兼變之形

火的形體最為尖秀，特徵也明顯，火可以生土，所以火土總是不相離，火得木生，所以火的旺衰與木有關，火要剋金，所以火旺則金要銷鎔，火如果弱，則金可以成器物，火遇到水則滅，所以火怕遇水。因此，火星的兼變之形，總是與土金木相關。

行地火：龍身一路前行，而兩旁的脚下却生出石尖，就像火焰一樣。

架木火：這個是木火兼體，木星原是高聳而立的，而此星在腰間的部位生出數十個小尖峰，像火焰一般，也有只生幾個的。

燒木火：這個也是木火兼體，它是指木星倒在地上，兩邊生出數個或數十個小尖尖，就像燃燒時的火焰。

出土火：這個是火土兼變，它指的是土星上生出石尖，這是火星穿土而出，變成了秀峰，是前要去傳座結穴了。

焰天火：指的火星高起有火焰，這種是貴星出座，貴氣的大小就看焰的大小。

鎔金火：這是火金兼變，它指的是金星傳金，又遇火而不出，這是金穿火被火所銷鎔而不能再傳，是金受火之禍害。

火頭土身：這個是火土兼體，它是指火從土中出，如鳳閣，飛鳳之類的。但要在穴中只看到土而看不到火，也就是土要强於火才可以，這個同下面土形中的火生土比較類似，同屬一個道理。

6 土星兼變之形

土星本身墩厚，形體或長方，或正方。土得火而生，所以土與火的關係密切，土可以生金，所以金土不相離，土可以剋水，這是因為水從土出，土被木剋，這是因為木要依賴土培。

土可以與金水木火共存，這是因為土的厚重和寬容，但星體上土多帶木而不帶水。

生水土：是指山是土星，但有真的泉水在流淌，那這個土星就不為吉了，因為這個土星是會被水流崩塌的。

順水土：這是土水兼體，它是指土星山的旁邊，有水星出腳，就好像人家磨盤上的流水一樣，時間長了一定會將土星流淵的，一般多變為屍形山，或變為棺木之形，這種是藏着凶煞的。

火生土：這是火土兼變，五行之理，是火能生土，土得火而生，這種是指火星傳出土星，或者是土星旁邊有火星，這個土星就勢雄力厚了。

聚火土：這是火土兼變，它指的是土星上面生出土星，在其頂端的平面上又生數個石尖，這是火焰出於土外。

生金土：這是土金兼變，五行之理，土能生金，土是金的胎養之地，土星變出金星，又一傳再傳，這種是最為富貴之一。

總而言之，五星變化出九星，雖然有眾多之形，但終究是有迹可辨的。基本上，土星是方而平，火星是尖而秀，木星有枝，盡頭處是尖圓，金星是兩旁圓胯，盡頭處是大而圓，水星是曲曲纏繞。

當五星的基本形體遇上其它的形體時，也就是出現兼體和變體的時候，比如金和木，則要以强弱來分主次，只有分清了主次，才能明了事是。

（參圖八）

二　論龍

所謂龍者，山地以山脈而論龍，平洋之地，則以河流而論龍。中國之地多山，故以山龍論述為主。（參圖九）

圖九

六圃先生有論龍之說：「凡尋龍者，必先訪問此方山從何而起，水從何方而來……必登其絕頂，觀其何背何面，何幹何枝，何處轉身，何處交會，則此一方之大概在我心中，從此主結副結便可以推尋。」

這個話的意思是，到一個地方尋龍，先要到這個地方最高的山上去看，看龍和水的來處，看龍的面和背，看龍和水在什麼地方轉變交會，看清是幹龍結穴，還是枝龍結穴，做到心中了然，最主要的是，要知道龍的始祖從什麼地方來，始出於什麼星體，然後便可以推定真龍結在什麼地方。

龍的始出之處稱為太祖，從太祖出來，龍便開始行度變化，每一條龍的行度又不是都一樣的，各有各的走法，歸納起來大至有四種走法，即：走、閃、穿、度峽。

走：是指龍堂堂正正地走。

閃：是指龍從一旁而出。

穿：是指龍向平田穿出。

度峽：是指行龍多有跌斷，或渡水而出。

走龍威風而氣大，它的穴一定是有氣勢的。

閃龍多是從旁邊而出的，但它一定是有真情顯露的。

穿田之龍平而闊，是不怕風來吹的。

渡峽之龍跌斷明顯，但峽宜短，因為它怕風吹。

一般都是龍去結穴，砂只是作纏護，但也有一種大的砂博變而成龍的，像這種由砂博變成龍而結的穴，大多數都是閃穴，因為它要躲藏。也正是因為它的躲閃，所以它所結的穴都是比較巧妙的，要細心地看。

（參圖十）

龍之行度，一定要看它有沒有纏護，有纏護才會有結作，沒有纏護就不可能有結作。有經云：「尋龍點穴固要纏，纏護又要向我彎，若識纏護不識面，纏多還是非我纏。」這話的意思是，纏護還要看它的背和面，背向我者，那是別人的纏護，面向我者，才是我的纏護，才能為我所用。

行龍一定是有枝腳的，它如果行的遠，那麼它的枝腳也一定是生得長，因為它是要包裹的，短了就包裹不了。龍如果行的短，那麼它的枝腳也一定是短的，過長了就是泄氣，就是欺主了。

龍如果沒有枝腳，那它一定不是真龍，只是人家的奴仆。也有龍雖然有枝腳，但散亂反走，這是無情之走，那麼這條龍也就不是真龍。

龍如果是吉相，那麼它的枝腳也一定是秀美的，一定是纏護有情的。龍如果是凶相，那麼它的枝腳就一定是破碎的，一定是飛揚無情的。

有先賢著書說龍如下：

有一種龍，被眾山所環抱托起，顯的十分的精神，而枝腳又飛走百里，這樣的龍叫飛龍。

也有一種龍叫潛龍，山山水水重重相護，全副精神去結水巧。

有的龍從遠處而來，到結作時又迴身而面朝祖宗，這種就叫作迴龍顧祖，有情有宜。特點是迴轉時要從容不逼，如果迴轉的急促，那就不是真迴龍。

龍又宜清秀而不宜濁，但也有龍看上去滿山渾濁，但細細分辨，裡面有一支脱濁而清，這種就叫石中有隱玉，主出高賢之人。

有一種龍叫盤龍，它不但迴身顧祖，又纏來顧穴，這就叫顧祖顧宗又顧我，有經云：「水來繞身成雲霧，內有真龍安穩卧，盤得真時福祿長。」

龍也有帶煞為凶龍的，是指頭上凶頑而没有化氣，雖然也成星體，但不能去安墳，這樣的地，主出凶頑之人而招刑剋。

龍如果僵硬死直，没有起伏變化，也没有屈曲活動，那是病死之龍，是不可能去結穴的。

《青囊序》第二句：「先看金龍動不動……」這句話的意思是，山原本不是金，金是乾，乾為一，動則生二，再動生三，生生不息，是以動為生，不動則是死。所以，看龍要先看它有没有動，這個動，就是要有起伏變化，有變化才會有生氣，有生氣才會有結作。

論龍，除了要看它的陰陽之變化，還要看它的五行之輕重，如果是金重木輕的，那這個木就一定是受傷的，一發即敗。如果是水重木輕的，那這個木是飄蕩無根的，一定也是敗地。如果水星過蕩的話，還會出淫亂或風流之人，最後敗絕。如果是木重火輕，則是木助火威，一片通明，為發富發貴。

真龍雖然好，但也不是任何的龍都可以去點穴。比如有一種叫劍脊龍的，那是不能去遷葬的，不但會敗絕，而且是要殺師的。這是因為龍氣過旺，在背上生出石曜似刀劍而成煞氣了。蜈蚣之地也不要輕易去點穴，有的也是要殺師的，要慎之。

（參圖十一）

也有龍從祖上出來，一路數枝落下分宗，直到盡頭處，只見水走砂飛全不收，這叫有龍無穴。其實這是龍要出煞，煞去而生氣閃來，并不是真的沒有穴，而是穴閃在一旁。

青囊經云：「看龍行度有真訣，節節皆看出煞法。煞直冲去為護砂，閃來生氣則成穴。故從穴後得內柔，不見雄强直硬頭。若然不識生煞氣，順來逆來都不是。」所以，這種龍所結的穴稱為閃穴。

真龍喜歡躲閃，所以說，直來直去的都是病龍，只有曲曲活動的才是真龍，而蠢粗直硬則是死龍，真龍一定是脱煞去濁的，所以，它的體形一定也是清秀的。

龍的行度有三吉四凶，《望龍經》上說：「三吉行龍腰間四凶，四凶行龍腰間三吉。四凶者，是突而無面，破碎等之形。三吉者，是光圓而秀麗等之形。」有三吉而沒有四凶的，則是龍力弱，有四凶而沒有三吉的，這個龍就顯得粗頑。

龍又有幹枝之分，幹龍行度大開大展，越是行得遠，它的枝葉也就越多。越長帳也就越闊，山山水水盡都包羅。枝龍力弱，行度不遠，它所帶的砂也就短細，只能是護穴而已。

幹龍有關也有峽，枝龍有峽而没有關，這是因為幹龍有帳，而枝龍没有帳。幹龍和枝龍是有區別的，看上去也是較好認，但也有那種幹中有枝，枝中有幹，就不太容易辨認了。《龍經》書上說：「枝中有幹，此龍行度不整，左右分砂護送，或起或伏穿帳走，必無水脚與風吹，看來只有尊體貴。幹中有枝，其行度不遠，而砂緊隨力足自衛。」

實際上，枝龍中帶有幹龍，這是龍的行度雜亂，要分清哪條是幹龍，就看左右二邊的砂帳，看起伏穿帳的那條，也就是有砂帳護送的是幹龍。没有砂帳護送的是枝龍。而幹龍中帶有枝龍，因為是幹龍所發，行將停蓄，所以只有砂隨。

對於幹枝之分，古人還有四種分法，現列出供參考：

一，以水源的長短來定，比如是大江大河夾送的龍為幹龍，小溪小水夾送的龍為枝龍。或者一邊是大水，一邊是小水夾送的也為枝龍。

二，有以雲霧來定的，比如高峰大嶂，它的山巔上經常雲霧的為幹龍，山體低小而没有雲霧的為枝龍。

三，有以山體星峰來定的，比如山體渾厚，不起星峰的為幹龍，起伏秀麗而又多星峰的為枝龍。

四，有以峽中人迹多少來定的，幹龍行度遠，而它的跌斷處多是各省各縣的通途的地方，人迹就多，枝龍行度不遠，跌斷處大多是鄉村的小路，人迹就稀少。

有一點要注的是，幹龍和枝龍不能以它們的體形長短去分，實際上，枝龍要比幹龍長的并不少。

幹中有枝，枝中有幹已分清，但幹龍的大砂大帳又與枝龍很相似，也很容易誤認。大概下面這樣說可以分清：

枝龍因為自己有勢度而可以背着幹龍而行，而砂帳它是為幹龍所開，所以只能是向着幹龍，枝龍只收自己的隨龍水，而不會去收峽水，而砂因為沒有自己的隨水，所以只能見峽水。

總的來說，龍的始祖有始祖的格，祖宗有祖宗的格，帳有帳的格，脈有脈的格，幹龍有幹龍的格，枝龍有枝龍的格，渡峽，纏護，擺列等都是各有其格的。

龍一路行度，分枝結穴并不只結一處，它們的力量是有輕重之分的。這就要看龍的盤旋之勢，分內結和外結，內結的力重，外結的力輕。

比如龍是左旋的，則左邊的為外結，右邊的為內結，而二邊的分結之地，也一定是左邊結的少，右邊結的多，所結之穴也是右邊的力要重於左邊的。如果龍是右旋的，則右邊為外，左邊為內，二邊的分結之地就一定是左邊的多，右邊的少，所結之穴也是左邊的力要重於右邊的。

平洋龍與山龍不同，山龍是以起伏變化可以見得到，它是以乘生氣為重。平洋之地沒有山崗，只是一片平地與河道，來來去去隱密無定，全憑水道而尋，所以，平洋龍以得水為先。

平洋以大江大河為幹龍，小河小渠為枝龍。幹龍奔騰行走，是不結穴的，枝龍曲屈環抱有情，有情的地方才可尋穴。

平洋之地，任憑龍神與水神千變萬化，只要知道正變之局，迎水神生旺立向，則收水即是收龍之血脈，若是逢冲，即是冲了龍神，從而使化命不得安寧，子孫也會受到災禍。

平洋看龍有三法：

一、拱來，它的形狀像初生的彎月，層層疊疊而來，到頭時，橫身變成直路，這是真結之地。

二、收來，它的形狀像初生的彎月，軟嫩而來，勢如疊浪，一直到方坂不動的地方，這是真結之地。

三、像魚鱗一樣緊促而小，勢如水裂，它的兩邊都是直的，中間有動處轉到穴口，或者至大方不動之處而結，這是真結之地。

有經云：「平洋石間龍，水繞是真踪。」如是平坂之地，則要看田路，如果有像浪湧一樣疊疊而來的，都作龍論，如果近處有邊，又橫疊多的，當以水看，如果是在曠坂之中，四邊有水繞轉，內有田路，就看它高低束氣為龍。

平洋之龍，以水為脈，以水為護，以水為纏，以水為生，龍脈雖然隱伏，却是從水而現，所以有龍隨水轉之說。

山龍以藏風為上，如果是風吹水激，那是要貧窮敗絕的，而平洋龍是不怕風吹水激的。

平洋龍如果是明堂高，就主家中金銀堆倉糧滿庫。平洋龍如果是穴後低一尺，主後代子孫個個會讀書。山龍如果是穴後低下，則是子孫要發愁。或者平洋明堂像手掌，那也是每房都發富。山龍之穴二邊高是護穴，平洋龍穴二邊高則是欺壓，主敗絕。山龍以穴後有靠為丁壽，平洋龍如穴後有高起則為絕。

這是因為山的性情本是火，主炎上，炎上高起者是真龍，水的性情主潤下，潤下低蓄者是朝宗。所以，山龍穴後高，是丁祿茂盛，水龍穴後高，是要絕人踪的。

同山龍一樣，水龍的貴氣也是在於轉抱，有一轉二轉三轉，則貴氣重重。但轉彎處不能有分流，如果有分流，就稱為漏道，即是泄氣，没有分流的，稱為息道，息道是真龍，漏道是假龍，這就是平洋龍的真假之分。

山谷之龍，遇陽而化，平陽之龍，遇陰而結，山龍純陰一定是没有穴的，因為它化不了，平陽之龍遇陽也是没有穴的，因為它也是没有化氣。這叫孤陽不生，獨陰不成，是自然的道理。

《望龍經》上說：「木火雖生有輕重，為官無祿人丁替。木土相見有陰陽，人丁大旺富貴地。金木相見發即絕，木星變火星，拜相總虛名。水星變金星，清貴旺人丁，土星變金星，富貴兩相親。」這句話，說出了陰陽的重要性，雖然是五行生剋之說，但五行也是有陰陽的。所以，龍一定是要陰陽相配，而後才能去結穴。

《青囊序》第一句：「楊公養老看雌雄……」這句話裡面的雌雄，指的就是陰陽，山屬陰為雌，水屬陽為雄，山水相配即雌雄相配，也就是陰陽相配。

其實，山龍和平洋龍的尋龍作穴，它們的道理是一樣的，因為它們都是陰和陽的關係，所不同的是山有山的陰陽，水有水的陰陽。作法上顛顛倒倒而已。

先賢有說：「龍無脈不現，尋龍隨於脈止，脈者，氣之根，認脈可以觀龍。」此為一語中的。

1 太祖

所謂太祖，原本指的是眾山之祖，它所衍生之山，跨省跨縣千里而行，又稱為權星。

太祖大多是土金之體，因為只有土金才能綿綿而生，木水火的星體因為流動卓立容易分形，大多只能是作為近祖。太祖的千里之行，又叫分龍，一邊行度一邊分脈。分龍和分枝是有所不同的，分龍，是指從太祖這個大幹龍上分出，分枝，是指從小幹龍上分出。這個就如同人的姓氏分支，每一地都有本家的開山祖宗，即一地姓氏的太祖。每一家又有都自己的衍生子孫。所以，一省一縣之地方都是有太祖的，而地理上所說的太祖，多是指一省一縣一地的太祖。

分龍，是有中出和偏出之別的，中出者，一路行度都是中出，中途偶而有偏閃的，但它的大勢依然不會離中。偏出者，一路行度都是偏出，中途偶而有中出的，但它的大勢依然是偏出。二者之間，中出者力量大，偏出者力量小。

六圃先生在《地學》一書中說：太祖因為是行龍變化結穴的始祖，所以，它的體形就不同於其他的山，它一定是相當高大的，其高者，可以有數十里，它的顛峰頂端，是崖壁陡峭，是人所不能到達的。其大者，一定是廣延數百里，它的頂端有侵入雲霄之勢，有着特別的威嚴。

太祖因為高大，所以它的氣強而力厚，所以它能行度數十里，數百里而去結穴。如果外陽是太祖，必須要隔屏隔帳數重才可以。因為龍有祖，朝也有祖，龍的始祖不可以見到朝，而朝的始祖可以見到龍。這是因為龍的始祖大而尊，這個就像人事一樣，小的要尊見大的，而大的可以不見小的。

太祖又因為它的尊貴，它的周邊一定是有群峰簇擁着它，看上去十分的熱鬧和顯赫，這種必定是成格成局的，而那些孤峰獨座是難以有作為的。假如太祖生得局促，短挾的，而且又是孤偏無輔的，那這個太祖就不貴為賤了，如果再生得偏歪不正，則主出奸詐小人。

太祖大多數是以火星為其格，也就是以廉貞作祖，如龍樓鳳閣形，冲霄鳳蓋形等。也有不是火星體的，但它一定是高大特起的，如冲天木，獻天金，漲天水，凑天土這種以五行正體為格的，也有各種奇形怪龍，比如寶殿，寶座等。

（參圖十二）

太祖行度出來，是要不斷剥換變化的，從而達到脱濁就清，脱粗出秀。在這個過程中，它又以開帳列屏為格，向前行途中又常以梧桐枝，芍藥等諸體為格，這又叫行度有勢而又變化多端，以達到最後的龍體成格成局，星體清秀而結穴。

2 祖宗

太祖出來行百里或數十里後，於中間有束氣傳送出又一高起的山峰，這個山峰經過剥換，已經成為某個星體，這個星體一定是奇特俊秀的，有別於旁邊的山，這個就是少祖山，少祖山之後，又跌斷再起星辰的，就稱為祖宗山。

祖宗山，又稱為近穴之山，它是近穴的尊星，這個時候，就開始列帳開屏了，或者是成格成局了，這樣才能結的好穴。而格局是要論雌雄，論收放，論起伏，論順逆，論纏護，論面背，在它的要緊處，則要論峽。

論雌雄，是要看它的陰陽關係。

論收放，是要看它的勢度，該收的地方要收，該放的地方要放，不能收放無度。

論起伏，是要看它的穿越變化有沒有力，如果是起而不伏，或者是伏而不起，那就沒有用處。

論順逆，是要看它的走勢。

論纏護，是要看它有沒有成局。

論面背，是要看它是否有情。面向我者為有情，背向我者為無情，以此也可以定真假，

論峽，是要看龍的真性情。

按排行之順分，太祖之後是少祖，少祖之後是祖宗，祖宗之後是父母。但實際上，不要去苛求太祖，少祖，祖宗，父母都俱全，也不要去死執這個順序，因

為從少祖山到父母山，中間無論有多少個星辰，都是祖宗，都是中間的傳承過程。更何況，地有陰陽之分，分枝結法也不一樣，有的是有宗而沒有祖，有的是有宗而沒有父母的，比如那種純陽龍，它一路平坦而行，到頭了便頓起一峰，而穴結在頭上。

所以，不要拘泥於少祖，祖宗和父母都有，重要的是看它的陰陽變化和格局。唯一的不同是，祖宗山頭多，是力大而長遠，祖宗山頭少，是福小而短。太祖力大有功，則祖宗便是有德。所以，祖宗又分出很多小宗，則是多者不嫌。祖宗星體生得端正秀美，前面傳去是多結貴穴的，如果是端正而又肥厚，那是多發丁財的，龍體看富貴之分大概如此。

（參圖十三、圖十四、圖十五、圖十六）

3 父母

父母，是來龍到頭的最後一節，穴是由它所生，因而穴是它的子息，所以結穴之山又稱為父母山，也有叫穴星山的，或因父母為尊，又或因為星體尊貴，所以又叫尊星。

尊星一定是比周邊其它的山要生得奇特，生得秀美，它不但是雄偉有勢，有如鶴立雞群之挺，而且它的光潤又有如美玉一樣，體態天然鐘秀。

尊星因為生穴為父母，而什麼樣的父母就會生什麼樣的子，什麼樣的子就有什麼樣的格局，雖然說面前之局是為穴而設，面前之山是為穴而開，面前之朝是為穴而立，但實際上同父母是密切相關的。

（參圖十七）

有父母，但不一定都能結穴，因為父母有真有假，而要看它的真假，有二種，一種是看入首一峽，有入首一節性命關之說。一種是看局，有無局不言龍之說。

（參圖十八）

看父母，還要看它有没有起頂開面，如果没有開面，那是結不了穴的，再看它有没有剥換清秀，如果還是顯的頑劣粗老，一般也是結不了穴的，像下面幾種形態都是不會結穴的：

一，破腦形，指的是頭部呈破碎狀態。

二，側頂形，指的是頭部偏向一側，向着它山。

三，繃面形，指的是星體没有開面。

四，缩頭形，指的是星體頂端下凹。

五，凸腦形，指的是頭部向前生出壓穴。

六，尖嘴形，指的是星體上部向前生出尖體。

七，散指形，指的是星體呈手掌散開形。

八，脹腹形，指的是星體不但没有開面，反而鼓起。

九，漏腮形，指的是星體二邊有破碎。

十，伸足形，指的是星體不端，向外生出。
十一，空肚形，指的是星體內凹。
十二，出背形，指的是星體反背。
十三，擎拳形，指的是星體不成，像人舉拳。
十四，排脅形，指的是星體生的像牛肋。
十五，粗頂形，指的是星體頂端不秀而粗頑。
十六，長頸形，指的是星體上端過長。
十七，垂腳形，指的是星體下端之勢不收。
（參圖十九）

習慣上稱父母為穴星山，穴星山有體形高大的，也有低矮的，高的穴星山相對容易辨認，低矮的穴星山就不太容易辨認了。《玉髓真經》有例說：如有地方群山磊起，但在任何一個山頭看去都不成局，而邊上有一片橫鋪的山皮，看上去鑾橫又粗硬，又沒有什麼星體的樣子。但如果到別的山頭來看它，且發現無法將它收納，而到這粗硬的山皮上去看，反而有一種驅使群山的氣勢。其實，它就是穴星，只有真正的穴星才會有這樣的氣勢，它的粗硬，是因為它是乾金之體，所以顯得剛健，並不是真的那種蠻橫又粗硬，這種粗硬是一種豁達的氣度，二者是有區別的。

所以，凡是穴星山，因為龍氣所在，它的身體一定是肥厚的，因為它是要生穴的。又因為一路剝換，脫去了煞氣，它又一定是清秀的，必定是豁達而氣度偉岸，別的山是無法收納它的，這是因為不敢對它有欺淩之心。

（參圖二十、圖二十一、圖二十二）

事實上，穴星山是主人，其它的山只是隨從，只可主人驅使隨從，隨從卻是不能欺淩主人的。這就是主次之分，分清了主次，那穴星山也就明瞭。

穴山成星體的，以木，金，土形為多見。

穴山為木星者，它的穴多結於枝頭，這叫果結在枝上，瓜結在藤蔓。

穴山為金星者，它的穴多是在窩口，如果金星沒有開窩口，那是罡體不化，是沒有地方下穴的，如果硬去破罡而葬，那一定是會出凶的，因為這種葬法稱為孤葬。也有那種開罡破孤剪燥裁蕩的葬法，那一定是確認了龍真穴地，而且做法者一定是法眼高深，從而使用人力化煞為權，但這種做法，容不得些許妄為，否則必定誤事。

像那種罡體不化，又不是龍真穴地的星體，可以作為寺院之地，作寺院的話，它的香火必定旺盛，這是因為寺院屬乾金。

穴山為土星者，多藏於腹中，這叫土腹藏金。至於土角流金，那個是星體變換了，不是土星成穴。

（參圖二十三）

火星一般不尋穴，因為火是急而虛的東西，《地學》裡面說：火星作穴，雖然葬後發得快，也發的大，就算是一介布衣也可以做官做到朝殿之上，或者是同皇親國戚姻聯璧合，從而權勢大如天。但敗的也快，而且是一敗如灰。

其實，這都是火性的福禍，火在旺的時候，是火光焰天照，一派氣勢，但在燒盡的時候，却是灰隨風飛揚，一切都蕩然無存。

所以，尋穴不要貪圖一時之風光，要綜合分析，要看它後面的結果，短暫的輝煌換來後面的家敗人絕，倒不如那些有丁有壽的福祿之地。

木星，有立木，坐木，横木，倒地木，行木，眠木。

立木，是不開枝生叉的，它的穴結在頂部，猶如照天蜡燭，它乘的是清氣。

坐木，是二邊開股肱，像人坐的形狀，當中垂乳，比如天葩文星便是。

行木，就是生了枝叉的木，因為要行走，所以一定是要有枝脚的，枝又發芽生枝，比如像梧桐枝，楊柳枝，蔓藤木等。梧桐枝它的穴結在枝上，蔓藤木它的穴結在果上。

倒地木，没有什麼枝葉，只是多生有節芽，所以它的穴可在節芽處尋找。木倒在地上，是可以用來取材雕琢的，木經過雕琢，便是成器之木。成器之木是没有節芽的，它的穴就在所成之器物上尋找，比如玉尺木，它的穴結在玉匣中，曲尺是玉尺變化的，它的穴就結在彎曲的地方。其它的如玉帶，玉几也是一樣變化而來的。

眠木，它不同於倒地木，眠木是發枝生枝的，大多像人的形狀，有仰面人形，倒轉人形，手掌心穴等，這是真龍到頭而出。

（參圖二十四、圖二十五）

土星本身或變化結穴的，有以下四種吉地：

一 土腹藏金

土本方正，不開竇口就沒有生氣，就不能結穴。土腹藏金是指土中開了竇口，竇中又有突起者，突者為圓形，為金，此為土生金，即所謂母得子，那是一定會大發的。

如果是只開竇口，而沒有再起突，那一定是會敗絕的，有口訣說：巨門竇中求，那只是說了一半，沒有全部理解的話，那是要誤人的。

二 土角流金

土形方正不開竇口，原本是沒有穴的。而土角流金，是自身雖不開口，卻在一邊的角上生出一金形體前去結穴。這種是傳金得穴，必定會發大富貴的。

三 雙腦凹穴

指的是土星不開窩口，而是在二邊起角，形成中間的低凹而成穴，就像人的後腦部位，這種又叫天財凹腦，因為土是天財，是主出富的。

四 培木土

指的是土星既不開窩口，也不傳出金星，却生出木乳來，實際上是這個木得到了土的培育，穿土而出，也是主富貴的。

土星生出的乳，最不好的就是那種像水一樣的形狀，將來是一定會敗絕的。

（參圖二十六）

金星作穴星，不管是立體，坐體，眠體，一定都是開了窩口作穴的。

所謂立金者，指的是高起的金形，如金鐘形。

所謂坐金者，指的是不高不低的金形，如玉斧形，

所謂眠金者，指的是低矮的金形，如銅鑼形，銅錢形。

這是因為金是乾金，原本是剛硬之體，又稱為頑金罡體，因為它的剛硬，叫

人無法下穴。實際上這是氣還沒有化出，沒有生機出現，所以不能遷葬，如果硬去遷葬，那必定是會絕人之後的，所以有金星不開口，神仙難下手之說。只有它開了窩口，化出了生機，這才可以作穴，所以，又有金星無窩不成穴之說。

五行中金是生水的，水就是金的化氣，窩口為水，所以，金星開窩口為結穴。窩口如開在頂上，則穴就在上面，窩口開在當胸，則穴就在心中，窩口如開在腳下，則穴是在趾上，窩正穴也正，窩偏則穴也偏。

也有一種金星不是開窩口，而是吐乳，這個其實也是化氣，但要看是木乳，還是水乳，如果是木乳，那不能用，葬後一定是要絕人的，如果是水乳，那就是化氣相生，為吉。

水星體，要看它的根本，看它的來去。有從木而出的，比如美女晒羅裙之形，有的是從金而出的，比如將軍晒錦袍之形。

水星為柔弱之體，所以大多是擺動的。大概金水總是一體的，所以，水星到頭的地方，一定是水頭圓似金星，而穴則是在金星上。也有水頭過蕩而軟，只起水泡，則穴就在水泡上取。比如水腳御珠形等等。如果只是純水一片蕩漾，沒有什麼變化突起，那就是泛濫之水不收氣，氣不能收，那就是散，氣散是成不了穴的。

水星蕩擺，最為變化莫測。所以，它的結穴也多隱秘和怪異，從而讓人難以尋找。（參圖二十七）

4 枝帳

龍從太祖出來，一路行度剥換，中間又開枝列帳，所以，又有帳必定離祖之說。龍之所以要開枝列帳，這是因為它要去作纏護，要避風而藏，要去形成一個格局。帳有正出和轉帳的，都是為了前去結穴。也有那種沒有帳只有枝的，那這個枝它一定是生得出奇。比如梧桐枝，兩邊平抽中間出脈像個字形，或者如楊柳枝，一邊有一邊沒有，像是個字偏斜了，但到頭則是不偏。還有那個芍藥枝，左右相生不相同，在分開的地方光圓有枝葉，實際上是木星帶水，也是屬於個字形，這三個裡面，梧桐枝為第一，芍藥為第二，楊柳枝為第三。

凡是帳，一般來說都是要論橫飛的，所謂橫飛，就是二邊展開，好像鯤鵬展翅百里或數十里，然後一重抱一重，逐漸向內收。

土星，是以屏嶂橫列為帳的，比如土星踏節，也有水土相間的，那叫水土連雲。木星，是以開花為帳，如一林春笏，萬笏朝天等。也有木火相連的，如攢槍形，出陣形，列炬形等。

水星，是以展連為帳，比如雲母帳等。

金星，是沒有帳連的，但也有下面生出水星而成帳的，比如芙蓉帳之類的。開帳出脈，有正體正出的，有倒腦倒出的，也有抛出，橫龍閃出，潛踪而出等幾種類型。

因為帳是左右展開的，脈從帳中而出的，所以叫做穿帳。龍脈伏而即起，這是龍氣旺盛而力大，它的伏下連接之處看似無形而有形，兩旁有遮護，但只有送而没有迎，如果是有送有迎，這個帳就不是真的了。也有的龍伏下後不能起，或者是起來後不能伏下，這種是龍氣怯弱而力不足。

從龍脈的穿帳中也可以看出富或貴，貴龍大多是重重穿帳而出，富龍大多從傍帳生出，帳幕越多貴氣也就越多，這是來龍本身就貴，而且氣力足，如果只有一重帳幕，那只是小富小貴而已。

（參圖二十八）

5 論峽

峽，是行龍跌斷出脈的地方。有跌斷，才會有變化，有變化，才會有化氣，有化氣，才能出秀，如果没有跌斷之變化，則是來龍煞氣不脫。

一般來說，從太祖到少祖，中間起伏的地方，因為它體形寬大，所以稱為關，從少祖到父母，因為它束氣而體形小，就稱為峽。也就是說，大者為關，小者為峽，遠穴處為關，近穴處為峽，這是關和峽的區別。（也有說出帳入帳為關，跌斷起伏為峽，其實都是同一個道理）大龍有三關五峽，實際就是指來龍跌斷變化多，因為龍大氣粗，一跌二跌是脫不清煞氣的。

峽，宜短而不宜長，長則力弱而氣虛，峽，又宜細不宜闊，闊則氣散而無力。峽短而細者，稱為蜂腰，也有生得長，而中間生起圓形的節，稱為鶴膝，也有長而中間不起節，但中間平行而二端對等，這個叫仙橋，也能出富貴。

除了前面提到的蜂腰，鶴膝，仙橋三種，還有工字峽，天池峽（指峽上有池，池水不會乾涸，也不會滿溢）乾字峽，穿田入泥等數十種。

木星是以開花結果為結蒂的，所以要看它的枝，而眠木是在根腳的，所以它是沒有峽的。

土星因為是相連而生成，所以依二土中間或者夾送出金星處為峽。

火星因為炎燥而不作峽，假如腳下有犁頭菱角，見水為實，則是相濟相成。

峽，又分陰峽和陽峽，上面說到的幾種都是陰峽，還有那在平坦之處，隱伏於地的為陽峽，比如像蛛絲馬迹之形的。

看龍要重視看峽，所謂入首一節性命關說的就是峽，既然為性命，那它過峽的時候，二邊一定要有開面護送，使它不受風吹，不受傷。因為過峽的時候，它的頂面必定會被風吹而露出脊背，如果二邊再沒有護送，那它的脈氣就會全部受到風吹，從而是風吹氣散龍虛渡，那就不是真峽。有經云：「真脈旁邊怕刺脅，却要有山來緊貼，莫令凹缺被風吹，切忌溜牙遭水劫。」

《疑龍經》云：「未見到頭穴局形，先從峽裡露精神。正出前邊穴亦正，偏出須從側處針。若向一邊迴抱出，必作迴龍翻逆身。峽大斷時低處點，峽如高過上頂尋。」這個雖然是說以峽尋穴，峽正穴正，峽偏穴也偏，峽低穴低，峽高穴也高，也由此可見峽的重要特性。

因為過峽是龍顯真形之地，以活動，秀麗，短細，有纏，有迎送為真，以臃腫，僵直，偏枯，受風吹為假。

（參圖二十九、三十）

6 纏護

看纏護，也是尋龍，觀峽，點穴的重要部份，龍如果没有纏護，那這個龍一定是孤單的，一定是難有結作的。峽如果没有纏護，則真氣是要被風吹散的。穴如果没有纏護，那一定是要受風的，所以，尋龍一定要看纏護，因為只要是真龍，它一定是處處有纏護的。

（參圖三十一）

纏龍一定要陽面向穴，一定是出秀而有情的，如果是反背向穴，

圖三十一說明：這是重新手繪的，現實中照片是没法拍完整的，只能用手繪，古書上也有類似的圖。這個圖左邊的纏護是出自後帳，圖右邊的纏護是出自龍身。

或者是形態粗惡，飛腳斜走的，那這個纏護就一定是假的。

纏護的多少，代表着龍穴的尊貴，有道是：「一重纏是一重關，一重纏護一代富，三重五重福綿長，若是關鎖有千重，此處定是王侯地。」此說是點明了纏護的作用和重要性。

纏和護是有細細區別的，穴的左右為龍虎，而龍虎之外又有二重三重包裹，而且在穴中是看不到的，這個就稱為護，是本龍的手腳。而旁邊另有龍向我奔來又顧我有情，這個就稱為纏。

纏龍比正龍要長，而且是條形狀的，也不能開帳，因為它要繞正龍的後面，也要抱正龍的前面。

纏龍即便是有開帳，也是斜開側走，也是為穴而設的。比如它繞過龍虎，到前面為案山或作朝山的，

纏護，雖然二者的作用是有細分的，但它們的出處都是不固定的，有出自後帳的，也有出於自身的，因此，只要它是纏護，能為穴所用，那就不要管它出自哪裡。

三　龍穴論局

龍行數百里，或行數十里，停宿結作之處，一定是近人烟的村庄的地方。也就是說，有人居的地方，才會有龍的結作。這是因為龍為陰，人烟村庄為陽，只有陰陽交媾才能有化作，這是指大的化作，而深山無人烟的地方是不可能有結作的。所以，尋真龍的結作，一定要到有人居住的地方去尋找。

既然是真龍到來，那它一定是有它的排場的。這個排場就稱之為局。看局之如何，便可以知道龍的真假，所以有無局不言龍的說法。局如果是假的，就不可能有龍結真穴的。所以又有無局不言穴的說法。本來，龍過峽之後，是要開始結作的，但如果四垣不成局，那就不是真的，所以又有無局不言峽的說法。

實際上，所謂的局，就是真龍的停宿之地。

通常又把局稱為明堂，也叫陽三堂，即內明堂，中明堂和外明堂。

內明堂，指的是龍虎環抱之內的地方，內明堂要緊小，從而能達到藏風聚氣。

中明堂，指的是龍虎之外到案山的這個地方，要整體圓净而又迴抱環繞，呈有情之勢。

外明堂，指的是案山之外到朝山的這個地方，宜舒寬而有收朝之勢，以平净，圓正，寬大適中，來去曲折為吉。

來龍大，則明堂宜大，來龍小，則明堂宜小。如果是龍小局大，則是堂氣不收，龍大局小，則是生氣難容。然而，這個龍大局也要大，并不是說越大越好，要適中。那一句明堂要容千軍萬馬的話，是有特定指向的，并不是指所有的明堂。而平洋龍無論長短，堂局都宜緊，如果是又寬又大，那是收不了氣的。

然而，三個明堂又不一定都要有，也有只出現一個堂，而一樣有出大貴的。像這樣一個堂能出大貴的，它的來龍和帳格一定是非常貴氣的，或者是擺列和朝案上有很重的貴氣，要不然它就出不了大貴。

另外，這三個明堂，又不一定都是按順序排在面前的，有在偏左方的，有在偏右方的，也有開在穴後面的，這個是沒有必然的規定，都是自然的擺設。然而，無論三個明堂是怎樣的擺設，它們都是只為一個穴所用，而不是每個堂一穴，假如看到明堂就去立穴，那是要失誤的，說不定這個明堂只是人家的中堂或外堂。

凡是成局的，還要看穴後發枝是否抱向前，或者是前開抱穴向後，或者是左轉抱向右，或者是右轉抱向左。

開抱者，或是成圓，或是成方，都是為貴的，只是圓中要平，方中也要平。也有橫而長者為貴的，如果是直而長的，那是不能取用的。

成局者，還要分清它的真假。龍來處，羅城團聚為真，有空方的為假，向上開明的為真，闭塞的為假，層層環密的為真，空曠蕩風的為假，有陽面者為真，反背者為假。因為來龍結穴，一定是要開面的，如果不開面，那麼脈就無從而出，如果前山不開面，那麼朝山就不能出，因此，穴的真結一定是開面向內，反背而去結穴的，一定是假的。

開面就好像是一個人的胸，暢開胸懷面向我，這是對我有情，有情的那是真的，背就像人的後背，如果是背對我而去，這是對我無情，無情者為假。

龍與局的關係有六種：

1．有龍行於山，而局也成於山。

2．有龍行於大山，而局成於小山。

3．有龍行於山，而局成於平崗。

4．有龍行於山崗，而局成於平洋。

5．有龍行於山崗或平洋，而又渡水另成一局。

6．有龍半局，水半局，或者龍半局，平洋半局湊成的。

因此，看局之法，要登上一高處而細細觀察，或繞四周看它的圍抱和起止。只有看清了局，才能了然於心中。要是局没有看清，或者看錯，那點的穴也會是錯的。

堂局有關人和事，如果堂局有傾斜的，就主出人陰險奸詐，堂局如果狹小而又不深的，就主所出之人肚量不大，與人難以容事，或者是出吝嗇之人。換句話說，就是有什麼樣的堂局，就會出什麼樣的人事。

有一種局，叫五星聚講，五星，即金木水火土，也有一種五星歸垣，也就是東方是木，西方是金，南方是火，北方是水，中間是土，這樣的局，十分難得，是局中第一貴。（參圖三十二）

1 四獸

論龍的局，主要是指穴的前後左右四個方位，也稱為四獸。

四獸，即時常說的青龍，白虎，朱雀，玄武，先賢用它們來稱呼穴的四個方位，這四個方位，原本是指東，南，西，北，所以四方又稱為四獸。

此四獸原本是天上之物，是天象，它是應四季而分。而在地理上，是以穴為中心點來論前後左右的，所以，青龍是指穴的左邊，白虎是指穴的右邊，朱雀是指穴的前面，玄武是指穴的後面。這是因為中心點不一樣了，而真龍之結穴，又并非都是坐北朝南的。所以，這個四獸就不一定是在原本的東南西北四個方位了，但又脱不了原本方位之性和義。

張子微先生在《玉髓真經》中是這樣論述四獸的：

青龍，本位是在東方，東方寅卯辰木，色為青，故稱青龍。青龍之貴，在於它的高而茂盛，蜿蜒四環，應東方之氣，得青龍之體。

白虎，本位是在西方，西方申酉戌金，色為白，故稱白虎。白虎之貴，在於它的嚴密整肅，委屈蟠踞，應西方之氣，得白虎之體。

朱雀，本位是在南方，南方巳午未火，色紅，其貴在於光明開暢，朝抱翔舞，應南方之氣，得朱雀之體。

玄武，本位是在北方，北方亥子丑水，色黑，為後龍，為傳入穴者，它的貴在於暢明開亮，如火之陽明，踪斷閃步，又如水之流行。

從地上龍虎而言，虎的利害要重於龍。因為龍的本性不善噬，而虎的本性善噬，龍不帶煞，而虎是帶煞的。假如下葬之後，在白虎方掘一杯土，或者豎一塊石，小有不合之度，那都是會發禍的。

朱雀因為取得是南方陽明之義，所以各種形物就多，大約有百十種之多。每一物都有它代表的一種含義，又因為每一物都是有它的形體的，每一個形體都是有五行歸屬的，形體即稱為星體，所以，又叫做一物為一星，一星有一情，一情有一應，應後即歇，如同一個人的生命之耗盡而不能再生。

所以，不要到人家已經應發了的地上去遷葬，常見有人家，看到別人家發了富貴，便去邊上挨葬，想借別人家的龍氣，結果不但沒有任何富貴的應驗，反而是出了凶。這是因為這個地方的生氣發盡了，等於是絕了，這就相當於是葬在了絕地上。豈有不敗之理？

也有上下挨着葬，而且都應發了的，這是來龍氣大力足，穴前尚有餘氣，但所應發一定是有大小的。

也有一種葬在真龍穴邊上，而真龍穴上沒有人去葬，這種也能發點小富小貴，但當真龍穴上有人下葬後，這邊上的馬上就會敗絕，這是因為先前的生氣被收回了，出現這樣的情況是前面沒有點準地而造成的。

龍虎在地不論東西，只論左右，左右即如同一個人的二只手，要彎環迴抱，相向有情。（人的二個手是只叫左右手，而不是叫東西手的）

龍虎，有出自同一個星體的，也有一同出自於後帳的，也有一邊出自星體，一邊出自後帳的，這種就稱為單提。

也有青龍迴轉作案山的，或者是白虎迴轉作案山的，這種又稱為先弓。

也有是龍虎橫抱過穴的，這種叫做繞抱過穴。

如果是繞抱一重又一重的，有數重之多，那就叫交纽。

龍虎如有放出之勢的，稱為睁眼。

龍虎如有飛舞之樣的，稱為展翅。

（參圖三十三、圖三十四）

龍虎如有强弱，比如龍强虎弱，或者是虎强龍弱，那是不能輕易下結論的，是要仔細辨認清楚的，要看明白它為什麼强？又為什麼弱？所謂强，指的是高大有力，所謂弱，指的是低矮而力不足。實際上，高大或低矮都是有它們道理的，不可以簡單地看到高低就去論地的吉凶。

有俗說：「寧可青龍高萬丈，不可白虎高一尺。」此話者乃是在門外，這句話看似符合龍虎的特性，實際上是沒有真正明白龍虎在地理上的作用。可以去看看那些發了富貴，出了將相的舊墳，白虎高而青龍低的并不少見，而那些青龍高白虎低的，出了人又敗落的也不少見。

所以，龍虎不能只看它的表面，不能生搬硬套，不能死認龍要高大虎要低矮，要縱觀全局，這就是龍虎在地理上的一個奧秘。

假如有龍虎而不顧穴，或者是龍虎來壓穴，或者是龍虎手短而不能取物供口的，或者是手口不相讓的，那這個穴地就不是真的。因為龍虎不但是要護穴的，也是為穴所用的，而不僅僅是一種擺設，更不是來欺負穴的。

2 案山

穴的左右既然有龍虎相護，那麼，前水出去也一定是要有關攔的，如果沒有關攔，整個堂局就沒有收拾，沒有收拾，那麼，整個穴場的格局就是破而不成的。而關攔者，又稱為案山，也是穴的身前所用之物。

凡是案山，一定是橫生的，一定是有特起的。否則，它就起不到關攔的作用。

案山，雖然是身前之物，但它的出處并不固定，有的出自龍虎，如青龍轉案，白虎轉案。也有的是出自纏護，或者是出自後帳，也有來自前朝的。

關於案山，六圃先生在《地學》一書中是這樣論述的：

案山是不能過高的，如果它高過眼目，或者是高過了頭，使的在穴上看不到案上之物，那就變成遮障了，有欺壓穴位之嫌了。

案山也不能過低，過低者，為腳之所能蹬，那就不叫案山，只能稱之為遮攔。

如果案山是從龍虎，或者是從纏護上下來，相連而又沒有跌斷的，那也不叫案，只能稱為橫攔。

如果案山只是橫過，既沒有特起，也沒有停止，那只能稱為橫障，而不能稱為案山。

案山如果高過穴，或者低於穴，又生得不平不正，如果是逆水案的話，主有官災事非，是順水案的話，就主客死他鄉。

案山也不能太近穴，太近了就會壓逼穴位，如果再高至眼眉的話，就叫拭淚。如果低至胸的位置，那就叫捶胸，都是凶煞。

案山有背和面之分，面一定是要朝向穴的，如果是朝向外，那這個穴就是假的。案山的面朝向穴是生氣向穴，這叫一點靈光與穴相照，即所謂東案月出西案白，上方雲起下方陰。這就說明了案山同穴的關係，或者說是案山對穴的重要性。

所以，真正的案山，對於穴來說，一定是：「身可憑，手可握，目可視。」也就是說，案山應當是開懷抱身，高不過眉，低不過心。它一定是枝所生，一定是特起的，一定是有起有止的，影形必定是相對的。

案山，也有生氣過旺而私自有結作的，但與正結相差很大，它的應驗也不能與正結相同而論，因為它得到的只是餘氣而已。

明堂如果是順水局的，那案山一定是逆水的，明堂如果是逆水局的，那案山一定是順水的，否則，水關攔不住，氣就會四散。順水案本來就有水走砂去而生氣散開之嫌，如果再出現走瀉之勢的，那就主離鄉遇凶。但如果其形彎抱有情，則主離鄉為貴。逆水案則是水得砂關而生氣聚集。

有經上說：「只愛案山水逼轉，不愛順飄隨水勢，順飄隨水案無力，此是名為破城里。案山如笋插青天，開面推來始真仄，面成峰身多直去，與我無情枉用心，時師見此多求穴，下後方知誤殺人。」這是說案山的特性和重要性，一定要認清楚。

曾見到過葬在案山的背上，墳朝向來龍，而案山并沒有私結之穴。此家墳主有二個兒子，四個女兒。葬下二十年後，長子生癌症，長子膝下的二個兒子，不但連年破財，一個還長年慢性病，并且還有牢獄之災，次子不但家境貧困，家中也有生癌症之人。當時斷他如不遷葬，四代後是要敗絕的。

（參圖三十五）

案山，是以穴的高低而配，又是各形各不相同，所應之人事也就各不相同。案山的形體很多，大約有條案，方案，曲案，中間高案，中間低案，短案，低薄案等五十多種。有關這方面的東西，歷來諸書大都有比較多的論說，這裡只列出一些，以明其理。

所謂條案，指的是案山橫而直長，但又因其細微處的變化，分為一字案，橫鞭案，橫竿案，筆案等。

一字案：橫而直長，整體大小都是一樣的，像大寫的一字，這種案山主出人文章天下第一。

橫鞭案：一字形微微向內彎，一頭稍尖，帶煞氣，這種案山主出將軍元帥。

橫竿案：一字形，長而細，生得越長就越細，像竹竿一樣，這種一字案山，不是出文章之人，只能出打漁人或放牧之人，漁家行船要用竹竿，放牧亦用竹竿吊繩鞭之喻。

筆案：橫而直長，一頭大而圓，一頭小而尖，像一支筆橫放着，因為筆是要用來寫字的，寫字是要用墨水的，所以這種案山邊上常見到有水。

筆案雖然主出人有好文章，但大多只是清貧之人。但這裡面又分進田筆和退田筆，進田筆不但出人文章好，而且也不會是生活清貧之人，而是會有一定的財祿。退田筆就一定只是出文章好而生活清貧之人。有時師常以筆在水的左邊為進田筆，筆在水的右邊為退田筆，此說十分的謊謬。

低薄案山，有展紙形，棋盤形，鋪毡形等。

這些案山的形狀大都比較相似，基本上都是平鋪低薄，它們之間的區別在於細小之處，或者是在一些特徵上，比如棋盤形，上面就一定要有棋子，如果沒有棋子那就不是棋盤形，這就是以形而定。

中間低者案，有馬鞍形，玉枕形，天馬形，展誥形等。

這幾種形體中，馬鞍形同天馬形比較相似，區別在於馬鞍形是在低處，天馬形是在高處，玉枕形同展誥形比較相似，區別在於展誥形的兩端比玉枕形的兩端要高一些。

（參圖三十六）

方案者，是指形長而方，比如書案，或者是四方形，比如肉案，金箱等。

書案：是形長而方，頂面是平的，其實就是書桌形狀，這種案山，主出科第文章之人。

肉案：是形長而方，但比書案要短，頂面幾乎是平的，這種案山，主出屠夫。

金箱：四方形，而且它的四面都是平的，體形顯得墩厚，就像一只箱子，這種案山，主出女子貴為后妃。

曲案者，大都是有一字變化而來的，比如玉帶案，玉几案，半月案等。

玉帶和玉几形狀極為相似，它們的區別在於，玉几比玉帶的彎曲環抱更加明顯。又有說玉帶有金魚，玉几有足，也有說玉几有杖，這二種案山，所出的人極其尊貴。

（參圖三十七）

中間高者案，有玉璜，印，三台案等。

（參圖三十八）

玉璜：形似金星，但朝面是平的，如果形狀生得清秀，主出文章科第之人，如果形狀顯得剛硬，則主出武第之人。穴前生有這樣的案山，即便龍格平常，也能出秀才一類的人，這就是前案之貴。

印：整體呈圓形，四環低而中間高起。

蛾眉山：主出美女，如果有二個或者別的山配的好，則為妃。

葫蘆山：如是山形堅挺而圓凈，主出郎中医生一類的人，如果葫蘆是橫倒而且形狀模糊，那就是毒藥山。

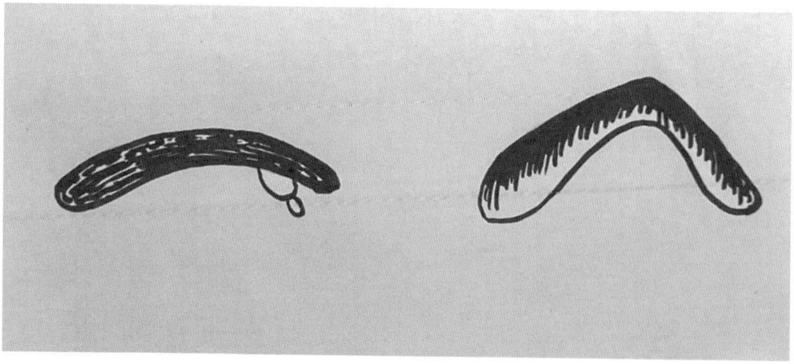

圖三十七說明：這是重新手繪的，圖左為玉帶金魚，圖右為玉几。

腫屍：形體仰者為腫病，形體側者為卧病。

貫紫：呈玉几半弓形，或者圈形，中間生有一個小山，這種案山主出人冤屈而死，以及抱養他人之子。

（參圖三十九）

3 朝山

所謂朝山，就是案山之外的高山。穴的坐山為主，前面朝山為賓，賓山向着主山，即謂之朝，就是有向我之意。

因此，凡是朝山環列，向穴獻秀，一定是有一峰或者二峰正對穴場的，也有三個峰的，但不多見。如果朝山有很多，但沒有峰對穴場的，則是雜亂而沒有真意，那這個穴就不是真龍穴了。

真正的朝山，都是特別秀美的，又大多是以木星為見，也有土木一起的，比如帳下立朝，屏下坐朝，側面貴人，孤獨貴人，雙朝，三台朝等，其中又以帳下，屏下，三台朝這三種的貴氣為重，孤獨者不為貴。

也有馬山為朝山的，如狀元馬，天馬等，也有是土星為朝山的，如天倉山等。也有仙橋，展誥為朝的，總的來說，以各種形巒為朝的有數十種之多。

有一種朝叫帝座，極其尊貴，難得一見，穴中看過去，有一種天生的威嚴。如果是廉貞作祖宗，一字為案山，帝座為朝山，又是五星聚講，那是天下第一好地，這樣的地，看着就讓人心生敬畏，心生感嘆。

做地理的如能有緣看到這樣的地，也就不虛此生，不枉做這一行了。（只有見到過這樣的地，才會有這樣的感觸）

（參圖四十）

孤獨貴人：指的是穴前沒有案山，朝後面也沒有屏帳，二旁也沒有侍從，只有單獨立起一峰。

帳下貴人：案山端正，貴人特起，身後帳幞分明，這樣的朝山貴氣重，如果是身體高大的，可以位列三公，身體小的，也可以做官到卿位。

拜朝貴人：貴人看到主人，叩頭而拜，像這種朝山不但是主出貴，也是能出官的，而官職的大小，那是要看來龍而定的。

屏下貴人：這種又稱為貴人坐朝，屏長而方，土形，下出貴人是木形，這是木得土培又胜於土。這樣的朝山，一定是有它來歷的，一定不會是虛設的，主出正拜大封之人。

筆架山：形狀像三台，不同的是它的三個山頭是連體的，頭部有呈尖形的，也有變形而不是尖形的，也有二邊多連，有五個山頭的，這樣的朝山主出文貴。

（參圖四十一）

天橋：又叫仙橋，是山體行走中起二個小小山頭，中間平直如一字，這種朝主仕途順暢，能做官到京城。

展誥：同天橋的形狀相似，區別在於中間平直部份比天橋要短，但朝面比天橋要寬平，如同畫卷展開，有這樣的朝山，主能得到朝廷的恩賜。

三台貴人：是指三個木星，左右二個一樣高，而中間一個要高於二邊，這種朝山主出人為官，能到三公之位。

也有左右二個一樣高，而中間這個要低於二邊，這種朝山主出人為隱士，而不是為官。

如果三個山頭高低各不一樣，那它什麼都不是，一定是假朝，不可以用，也就是說，形一定要有形的樣子。

三台也有擺成品字形的，又叫品字三台，有火形體，水形體，土形體。

雙筆文峰：指的是前面的山起二個尖峰，大小高低都一樣，此主兄弟同登科舉，如果是一個山峰高，一個山峰低，或者是一個山峰小，一個山峰大，那必定是有一個人不會發，也就是說只能發一個人。

雙台貴人：是二個木星一樣高，二個山頭的空處為外陽，外陽又有遠秀的，這種是為真朝。主兄弟一同登科。

如果二個人高低不相同，那就是假朝。

也有一個貴人旁邊又立有一個小貴人的，如果小的立在大貴人的後面，只是隨從，如果是在大貴人的前面，則為神童。這種也是真朝。（參圖四十二、圖四十三）

4 遠朝

指的是朝山之後，在其陽明之處，又有看到的各種山體形巒，而且對穴有情，可以為穴所用的，這種就稱為外陽。

然而，遠朝不一定全部能為穴所用，假如穴前沒有近砂，即便是有遠朝林立，也是不可用的，因為沒有近砂作關攔，堂局就會空曠，生氣就難以聚集，那就不會有結作，有道是：「外聳千重，不如眠弓一案。」說的就是這種情況。

另外，它的可用或不可用，還要看自身的來龍之力。如果是數十里的來龍，那只可以收數十里的遠朝，如果是百里來龍，則可以收百里的遠朝，這是一個對等的數理，其中是藏着玄機的。

遠朝，又有「朝我」和「我朝」之分，如朱雀，貴人等，是它們來「朝我」，是為我所用的，如果是帝座天門，龍樓鳳閣等形，則是我要尊它，遇到這樣的遠朝，只可以朝望，而不可以親近，因為它們是群龍的公祖，不可以一家私用。

（參圖四十四）

四 砂類

所謂砂，是指一些體形比較小的石體，這些石體都是有它的出生來歷的，都是有它的作用的，并不是憑空擺設的，也不是隨意出現的。

有砂就一定有水，所謂一重砂關一重水，砂如果是彎環的，水就不會是斜飛的，水如果是彎環的，砂就一定是特起的，所以砂和水本是一家人。

直觀地說，砂即是龍虎之外的所有用神，因此，不必拘泥於它們的高低和大小。按照它歸屬的不同，可以分為官砂、鬼砂、禽砂、曜砂四類。

1 官砂

官砂，是案山的餘氣，案山有關攔的作用，關攔者，稱之為官，它的餘氣，就稱為官砂。

（參圖四十五）

官砂，以它的形而論，有星月官、鳳翅官、排衙官、飛詔、點兵、堆甲等數十種。這裡列出幾種以辨其理。

雲頭：指案外的砂，像雲朵一樣疊展。

屯兵：是指有很多小山頭排列或集聚，再另有大貴人相配，則出將軍之位，如外陽還有木星聳立，則是文臣統武，為統令諸軍之象。

這種砂，如果沒有別的貴

圖四十五說明：這是重新手繪的，圖中案山後生出一山頭，形似流星。

星相配，而自身又有疊逼凶惡之相，那就是有滅族之象。

這種砂也主應將軍武貴之穴，共有貴格三種。

（參圖四十六）

點兵：是指平野上有很多黑石，同時又有別的眾山圍繞，或有旗，鼓，貴人相應。如果只有黑石，而沒有別的應星，則為不吉。如果有大貴人，門旗，令旗，建鼓等應星。則是吉而富貴，主有出將入相之人，這種砂，多應於將軍武貴之穴。

新月：案山後面，有像蛾眉彎月一樣的形狀，就像天上的初月，主出女人富貴，貴為后妃。

鑽懷：指的是有低矮的小山，長而曲曲向穴而來，這種是不吉之砂，主出淫蕩之人。也有抱在龍虎山內的，也是不吉之砂，主抱養他人之子，或有墮胎之事。

龍蛇會：指前面有二條石柱相互交纏，主出淫欲之人，這種砂又也可以看作囚索。

鑽懷和龍蛇會這二種砂也有出富貴的，但其家道一定不正。先賢告誡，若是遇到這樣的地，寧貧而不葬。因為這樣的地，終將破敗而覆滅，沒有後代。

堆錢：它的體形是長而方，不與其它的山相連接，這是土星，土為財的倉庫。也有獨立一砂，長而扁圓，四周像似帶着裙腳，就像被子蓋下的形狀，高的像釜形，低的像鰲形，這是土星變金星，這種砂主富貴，通常是應財星之穴。

金鐘玉釜：這是二種形狀相似的砂，但高低却是不一樣，金鐘體形高，玉釜體形低，但都是金星體，主富貴。

這二種砂，自身是不定文武的，是隨邊上的大星辰而定的，如邊上有金星，則主武，邊上有木星，則主文。

如果是先見金星，在外又有木星，則是先武後文，如果是先見木星，在外又見金星，則是先文後武。文武之大小，就以金星和木星二者的大小輕重而論。

（參圖四十七）

尖筆文星：這種砂共有四種格局，貴賤是不一樣的。

一種是宰相筆，是在橫案邊上，或左邊出，或右邊出，（有說宰相筆擺二邊，即是指左右）。

一種是狀元筆，是在橫案中間上出，（有說狀元筆為中出，即如此）。

一種是畫士筆：筆形低小，有二個以上的尖頭，邊上有豎立的山，像握拳，或者似伸手，就像人拿筆的形狀。

一種是針匠筆，指的是山頭本來就是尖形，頭上再生出針一樣的尖頭，主出雕琢為業的人。如果是尖上有刺面，或者旁邊有凶山，主人會被流放發配。

壓死山：大概有二種形狀，一種是石山下，獨有一塊土石橫臥，如死屍之形，一種是大樹下，獨有一塊土石橫臥，如死屍之形，這二種都為凶格。它的凶不在於石山或大樹，而是在於死屍之

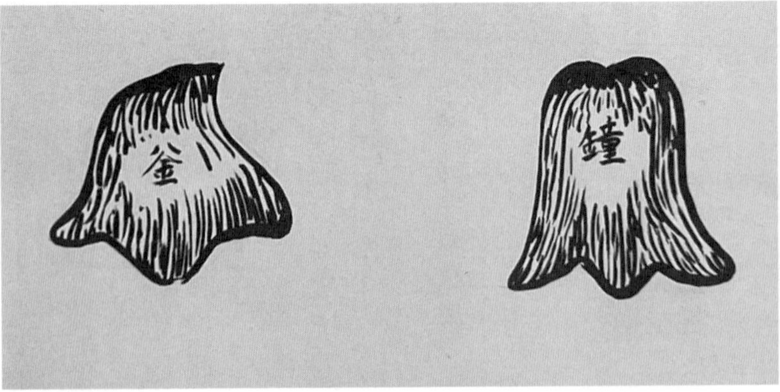

圖四十七說明：這是新的手繪圖，圖左為玉釜，圖右為金鐘。

形的土石。

（參圖四十八）

探頭山：指的是山外又斜生出一個山頭，半遮半掩，好像有人在窺探一樣，如果周邊的山形像凶惡，則出為盜之人，如果周邊的山形像為吉，則主家中常招窃賊，一個是去偷盜，一個是被偷盜，二者雖然都事關偷盜，但性質不一樣，要仔細辨明。

睡屍山：指的是山體臃腫，山頭中間平，兩端高於中間，但是一頭高，一頭低，就像一個人睡在山上。主家中有意外死亡之人，比如自殺的那種。

眠狗：是土星所化，屬財星，所以能

圖四十八說明：這是新的手繪圖，二個都為壓死山，它的凶在於下面的橫卧之石如死屍之形。

主富。

吠狗：是金星所化，多是岩石所出，形如狗之吠，多主凶，如果在穴前看到，多有官非口舌。

離鄉砂：指砂石順水而去，前面沒有遮攔，這種砂，如果龍是貴龍，則以仕宦發達而離鄉，假如砂石順水又尖秀飛揚，則是為官不止，人不返鄉。如果龍是賤龍，則主出人離鄉貧困。因此通常有人看到離鄉砂便斷不吉，這是貴賤不分，要知道，即便是貴龍，人若不離開鄉村，又到哪裡去發達？到哪裡去富貴？

卓笏砂：這種砂是出在龍虎之外，又與龍虎氣脈相連，是木星出秀，主出狀元而官至拜相，在官砂中是極為貴重的一種。

牛角砂：是指虎山向外生出一石，形似牛角，角尖向左，水流向右，是逆水之砂，主富貴。

詔仙砂：是指龍虎之外有一字文星，而文星又向外拖出長長的焰，是最貴的砂之一。

舞袖砂：指前砂有石尖生出，滿身秀生氣，逆水橫飛，主出科甲富有之人，而且壽命也高。（參圖四十九）

2 鬼砂

鬼，原本是指陰而不見的東西，這裡是指在穴中看不到的形砂。也就是玄武後面的東西，又稱為鬼尾，是玄武的餘氣外出，因此必須

圖四十九說明：這是舞袖砂的手繪圖，這種圖形實地拍攝後，因為要將整個地形拍進去，距離就遠了，在照片上也就看不太清層次感的，所以用手繪出來，古書上也有類似的圖。

是要收回來的，如果收不回來，那就變成蕩而氣散了，氣散了，穴就會無力。

所謂收回鬼氣，就是指鬼砂能為穴所用，它的吉凶之應驗，與官砂相同。

鬼砂最忌的就是破碎散亂，因為它的破碎，即便是龍真穴的，也不會應貴，反而會招凶。比如出現窺穴鬼，游水鬼等。

鬼氣不能過長，越是長，氣就越散，也有鬼氣私自生出枝腳，或者自成星體去結作的，這叫鬼奪穴氣，使正穴之氣受到損害，這是最為不好的。

但也有一種情況是例外的，被稱為奇鬼，怪鬼。那就是來龍之勢長而遠，生的氣粗力重，退卸不清，難以作穴。這個時候，如果有鬼來劫氣，分洩，反而能使龍氣變清而作穴。這就叫不劫不洩，不洩不結，這種鬼就稱為劫煞鬼，它將所劫之氣，反成為護，成為城，反當是以吉而論了。

鬼砂的形體有上百種，大概是鬼最多變了，但形再多，道理也是一樣的，只是各形有各應罷了。

比如山後有山，它的形狀像人的手，而旁邊的護山又帶有倉庫，這種就叫接財鬼，主經商大富。

又比如有一種叫天梯的鬼星，是山後的山，一山高於一山，就像樓梯的台階，這種就主後世代代有科舉富貴之人。

也有一種鬼星像珠子一樣，小而又多，而且散亂不相聯，這種就叫飛錢，會出因為賭博而賣盡家產之人。

有一種鬼星四周圓而中間凹，稱為盂鉢，旁邊又帶鞋袋，這種就出僧道之人，而且是沒有定所，四處雲遊。

有的鬼星生得像靴子，或者像刀子，主出人有權貴。

有一種叫迴抱鬼星，是向後洩出後，又向玄武呈迴抱之勢，這種是主女子出嫁後又戀娘家，而且不守婦道，從而家宅不寧。

好的鬼星像那種生出石頭圓净而面平，這種是文星秀氣，有科甲之名，可以位及三公。

（參圖五十）

有的鬼星生得像一個大布袋，形狀就像琵琶的柄，但還要長而大，這種是主手藝經商，家業溫飽。

最不好的是鬼星出在龍虎之外，形狀像一杆槍，槍頭對向來龍，這種是忤逆殺上，因為來龍是尊星，其它的都為奴，奴以槍刺向尊，這是反叛大凶。

地理中，鬼星與朱雀是穴前穴後相對應的東西，所以，不但形體繁多，而且所應的人事也是一樣的，知一便可知其二。

圖五十說明：這是重新手繪的，叫擎拳鬼砂，後砂伸出起小圓墩，如人伸手舉拳，古書上也有類似的圖。

3 禽砂

這個雖然名為禽砂，但不是單指飛禽，而是泛指鎮守水口，堂門，城門的各種星體。如飛鳥形，龜形，蚌形，螺形，魚形，也有馬形，象形，獅形等，這個禽，實際上是擒，它是指為穴所擒的意思。

禽砂，又叫羅星，俗說的羅星守水口，實際上就是指水口上的禽砂。它原本是山巒拋出的餘氣。以石質的為最貴氣，沙土質的為次之，它們的形體之成，都是以山巒星體的五行為源，不是憑空而生的，都是有出處的。就像守邊關的人，不是自己去的，都是被派出去的。

大凡此類鎮守的星體，大多是在水中，泥田中，或是在夾水夾泥的地方，或是在邊田邊水的地方。但無論是怎樣的落變，它們的作用就是鎮守，都是為穴所用。

這類星體有特起的，如華表，捍門，北辰，金櫃，獅象等等，也有像人形似武士守衛。但凡見到有這些星體的鎮守，便可以知道方圓之內必定有大地，相當尊貴。這如同守邊關之人的級別越高，就說明這個地方越重要，人事和自然都是一個道理。

禽星不外乎立體和眠體二種，它們中的大多數都是吉星，最不好的是那種像人形一樣的眠體，又是在水中，這種就叫浮屍，主人在路中溺水而死。

禽星，既然是鎮守之物，那是不可以作為葬地的，如果有人家去葬了，那必定是要絕後的，因為它們是没有脈氣的。

也有可以作穴，而且還發了富的，那是有特定條件的。

比如上水魚，但一發即敗，继而絕人丁。這種能作穴，也能發的，都是水中之物，因為是在水口，又是水中之物，所以會有應驗，但它畢竟只是抛出之物，没有脈氣，所以一應即敗。

也有做在魚頭上的，後來發丁發財而没有敗的，那是因為這條魚一定是接了脈氣的，是龍，而不是砂。

這就是龍和砂的區別，是有脈氣和没有脈氣的最不相同的結果。如若不細細認清，那是一定會貽害人家的。

由於這二種龍砂十分相似，比較容易搞錯，所以特別舉二例說明，一魚是真龍結穴，一魚是拋出之砂。

（參圖五十一、圖五十二、圖五十三）

4 曜砂

大概地理之象，是應於天文之象，天上有星，星必定是有光的，所以，地上山巒之星體，也一定是有光的，這個在地理上就稱之為曜，這是因為星氣旺盛而發出來的，也就是說，有星一定也會有曜。

五行金，木，水，火，土中，只有金，木，火有曜氣，水與土是沒有曜的。金曜似刀如劍，木曜直而如笏，火曜似筆如槍，各星之曜區別明顯，因為都是應了五行的特性。

曜砂與官砂的區別是：曜砂是山來而入，官砂是山去而出，但它們所應的吉凶富貴是一樣的。但在力量上還是有輕重的，曜砂的力要大於官砂。

曜砂有出自本身的，也有出在外陽的，假如它離穴近，就應發的早，離穴遠，則應發的年代就遠。比如有曜砂出在第一重龍虎上，則第一代人就有應，如果是在第二重龍虎上，則要到第二代才有應。

曜砂又分順曜和逆曜，順曜為吉，逆曜則是凶。比如有曜砂形如刀槍，當面直射而來，這個就是逆曜之凶。

凡是曜砂，一定都是石質的，它的形狀尖秀而直，因為它是星的光芒，光，一定是秀美而直的，是不會委蜒彎曲的。

曜砂，又有眠曜，立曜，明曜，暗曜之分。

眠曜：有横刀曜，横笏曜，横槍曜，排衙曜等。比如有一種曜砂，形狀像一杆長槍，横在穴的前面，這個就叫横槍曜，也有叫拖槍曜的，如果生得秀氣，主出文章好而入科甲之人。

立曜：有龍角曜，獨角曜，龍焰曜，立火曜等。

龍角曜，曜砂上面又分叉而且尖秀，主出能輔佐聖君之人。

獨角曜，又叫犀牛角，主出帝王之師。

龍焰曜，曜砂多生尖秀之石，呈一片光明輝煌之勢，主出良臣明君。

鳳翅曜，曜砂形如鸞鳳，兩翅張開像似在飛動，這種主出附鳳攀龍之人，男子為官到公卿，女子入宮作貴妃。

上面這幾個立曜十分難得，所以特別列出。

（參圖五十四）

明曜：有橫水交衙，去水交衙，來水交衙等。

圖五十四說明：這是重新手繪的，左圖為龍焰曜，右圖為鳳翅曜。

暗曜：有龍虎曜，有證穴曜，飄帶曜，舞袖曜等。

比如舞袖曜，形同拂袖，向左或者向右，看水的來去，以逆水的為貴，主出科第上朝，福及子孫。

曜砂，如果生的秀美，那是可以任意消納取用的，而那些生的破碎，或直撞，急奔而來的，則不是曜，而是煞，是惡砂，那是萬萬不可取用的。

曜砂，又因為是星的光芒，所以，它的體量不會大於星體，如果大於星體了，那叫主輕客重，那就不能作為曜砂而論了。

曜砂，又因為它的秀而貴，所以，只有大地才會有曜，也就是大地總是多曜砂之說，有些地大的，曜砂也生得遠。平常的財貴之地，只有龍虎彎抱之情，是沒有曜砂的。

然而，曜砂畢竟是石體帶尖，所以，有的曜砂也會帶着一點煞氣，如果取用不當，曜砂就會變成煞了，那就會有先凶後吉，或者是先吉後凶，福過而災出的狀况了。

因為曜砂只是星的光芒，不是龍脈之生氣，所以，是不能作穴的，如若有扦葬，那是要絕人丁的。在作穴時，如果不慎把穴前的曜砂鑿傷，那不但穴的應驗會有影響，而且一定是會有要殺師之禍患的。

假如有曜星生得像倒旗，雖然也是貴，但是要先降外夷才會發貴。倒旗，既是投降的意思，是倒過來的意思，所以才會有這樣的事。

有一種曜星，生在穴的前面，體短而小，平面向內，尖頭向外，這種就叫犁頭曜星，主立功名，有成就。

還有一種叫倒筆曜星，在龍虎內外有數個尖頭，左右相映，又與前山相照，主出神童或娶帝室之女，從而代代世襲公侯。這是因為尖秀之曜為極貴，所以有此應，這種又叫詔星出左右。

曜星有很多種，不盡列出，明其理就可知其用。

（參圖五十五）

五 水法

地理山川，必定是有水的，從另一個角度來說，地理即山水之論。只是其中的玄妙在於它們的來去，在於它們的變化。凡見歷代地理之書，關於水的說法有很多，如常見的有繞城水、交會水、池水、上堂水、瀑布水、牽牛水等等。又常見時師，因不明水法之真理，於是以品水味，看水氣，聽水聲等為水法之重，實在是謬誤之極。

其實，水法的真假，重點是要看它有沒有交牙護斷、有沒有直流而走、看它有沒有與穴相湊、看它源源來朝有沒有情誼、看它有沒有流破羅城等等，而不是專注去品水味，看水氣，聽水的聲音，這個不是重點，是門外人的做法，是要誤人的。

水要曲屈有情，不宜冲來直去，不宜橫而欲反，不宜又斜又急，要橫而彎抱，玄來曲去，或者是清明停蓄為好。

六圃先生說：水法彎環來朝穴，何用生旺并死絕，後龍重重湧擁抱來，前山疊疊低護穴，左山看右山，四方無空缺，白虎美青龍，一團生氣結穴。

這個話是說水法有要情，要合局，合龍穴，重在巒頭上合，而不是以理氣來合。龍與水相合，不是隨便都能合的，是有講究的。大龍必與大水相迎，如果是小龍，就惟小水而遇。但凡是真龍結地，都是不肯收客家水的，因為每一條龍都是有自己的一水相配的，這叫水朝龍而龍也去合水。

客水，是別家的多餘之水，真龍是貴物，它是不會去合這種水的。大龍自有大砂去隔欄客水，枝龍沒有大砂去隔欄，遇到客水就會轉向內，同自己的水相交，而拒客水於外。這就是天地之造作，地理之玄妙。

龍真有局，其局中之水也有局，歸納起來有四種：

1．順水局：所謂順水，就是隨着龍一起而來的水，是來龍自己帶來的，又叫隨龍水。

2．橫水局：所謂橫水，就是從穴前橫過的水，或者從穴的左邊到右邊，或從穴的右邊到左邊，但無論是左來，還是右來，其去方一定要有關攔。

3.逆水局：所謂逆水，就是朝着穴而來的水，又叫穴水，這種水，穴前是要有砂關攔的，如果沒有砂來關攔，就成為冲破龍穴之水。

4.聚水局：所謂聚水，就是堂中的池水，下雨時不會滿溢，天旱時不會乾涸。或者是幾方之水會聚在堂。聚水局，最怕堂中的水向外流出。

四個水局中，順水局，橫水局，又多為繞城之水，其從某字來，某字去，曲曲而行，斷吉凶的應期，是要看它方位的旺衰，因為水是要合向的。

隨龍水如果是徑直而去，那是不可扦葬的，一定是要敗的，但是，如果有砂腳交纏，則可以用來扦葬，主初年發凶，隨後發富貴。

有外水來朝，最怕是牽走內水，或者是局內小水直出到外水順流而去，那也是要敗的。

也有外水橫過，而局內的水自己直直流向外水，那也是要敗的。這種通過裁剪關攔，或者還可以有一些彌補。

（參圖五十六）

外面來朝之水也是有所區別的，田朝要胜於海朝，逆水要胜於順水。但如果來朝之水大於龍穴本身之水，那是穴之不能承受，則主人夭折。

穴前之水，最宜彎環聚澄，來如之玄九曲，去時曲曲纏繞。水雖然以聚為富貴，但是，如果聚太大了，也會成凶煞的，因為水太大就變成蕩了，則內氣難收，必定是要敗的。

田源之水，如果是一級低於一級來朝，稱為倉板水，也叫玉階水，但有的也成煞氣，主要是看它的高低。

明堂之水，一級低於一級而去，稱為捲簾水，也叫箕出水，假如前面沒有關攔，則主傾家蕩產，出窮鬼。

更有凶惡之水，如割腳水，裹頭水等，主財丁兩敗，它的發凶，要到都死絕了方才罷休，是極凶之水。

水法凡是有仰，反，牽，潛，激，割，冲，射之形勢的，都為不吉之水。龍穴最喜見玉帶水，金城水，木城水，水城水，土城水等。

（參圖五十七、圖五十八）

有書上說：水不上堂不點穴，水不入手不點穴，水不入口不點穴。這話的意思是水距離穴要近，要在穴上能見到水，話是有道理，但也不是絕對的。有一種高山變出嫩龍，貼地而行，穴結在平地處，堂局也寬平，像這種情況，水就要在穴的遠處，以遠為貴。

來水要收，去水要關，而實際上，但凡是真龍局的，去水的地方一定是有關攔的，去水口也一定是有形物鎮守的。

鎮守水口之物，雖然大都是以吉而論，但它們也是有輕重之分，鎮守的地方也是各不相同的。

比如北辰，金龜為最尊貴，又有華表，捍門，覆釜為并重。此等鎮守水口之物，大多是在水口交滙的地方。先賢說：此等是王侯孕育處。也就是說，一般有這些鎮物在水口，那裡面基本上就是有大地可尋，可見它們的貴氣之重。

還有一種是獅象鎮守水口的，也是富貴之地。這種鎮守之物，大多是在水流轉彎的地方，離穴比較遠，在穴中望去，是看不到去水的。雖然水口有轉彎和交滙之分，而它的鎮物也因此而不同，但這個也不是絕對的。這只是一個大概率的現象。

水口除了有鎮守，還有遠近高低之分。

假如來龍貼地而行，穴結在平崗，這種龍穴的堂局也常常是寬平的，像這樣的格局，它的水口就宜遠不宜近了。

假如穴内明堂水口低平，而在數里之外，水口出現高峻則没有影響。平田之地，没有山障作為水口，只有田壟相交互，這個也是稱為水口的。假如有湖池的，則水口宜空濶，以避逼迫。

假如穴位高，而水口寬平，這種就叫羅城有缺陷，為不吉。

（參圖五十九、圖六十）

六 應樂擺列

先賢傳下看穴先看形的說法，這是有道理的，因為來龍經過剥換，脱濁出秀，儼然已成真局，那就一定結有真穴，要結成真穴，就一定是要顯形的，形如果不成，那這個穴就不為真。

形，有人形，禽形，獸形，龜形，蛇形，魚形等數十種，而看形的真假，就要看它應樂。

應樂，就是配形而生的東西，它是應穴中所出的人事之物。也是對各種形體真假的一個佐證，只有形物相配了，它的應也就是真驗了。

這裡面要細分一下，應，是一種配穴形而生的東西，也有叫應物的。樂，又叫樂靠，是指穴後的靠山，它又叫樂座，後座，樂山，靠山等，還有叫特樂，借樂，虛樂等，二者的共性比較大，下面以應物為主要之說。

人形，有將軍大座形，仰面人形，貴人大座形，真武大座形，美女側卧形等等。

禽形，有天鵝抱揭蛋形，飛鵝撲地形，鳳凰展翅形，仙鶴凌空形，金雞形等等。

獸形，有獅子伏地形，老虎捕食形，猛虎下山形，犀牛望月形，金牛臥水形，眠狗形等等。

魚形，上水魚形，下水魚形，鮎魚奔灘形，江豚拜月形，螺形，蝦形等等。

蛇形，有黃蛇下山形，出土蜈蚣形，伏地蜈蚣形等等。

上面這些形，都是各有所配之物的。

比如將軍形多配有刀，旗，屯兵等為應物，主出武貴。

貴人形多配有馬為應物，主出文貴。

蛇形多配有蛤，蛙等為應物，主出富。

美女形多配有梳妝，鏡台等為應物，主出人為貴妃。

虎形多配有猪，羊等動物為應物，主出人軒昂，多有富貴。

（參圖六十一）

還有一類應物，出現在正案，正朝，外陽這此地方，如同物件擺設陣列，因此又叫擺列，也是為穴所用的。

這類擺物都是應人事的，不是應穴形的。以天倉山，馬山，貴人，旗為多見。

下面列出一些，以明其理。

天倉山，是土星的一種變體，土星頂面平，天倉山頂面略傾斜，主出富。

馬山，是金星的變體，金星起頭有尾，中間低凹，形狀像馬，馬山是所有擺物中最多看到的，又因為它的局部形態不一樣，所應驗也是不同，各形的叫名也不一樣。如：

天馬：也有叫天馬行空的，馬頭高大，其勢雄偉，如果是出現在午方，那是真正的天馬，主出英雄武貴。

狀元馬：馬頭高大，其勢平行，因為高中狀元，是文人之貴，文主靜。

戰馬：馬有嘶鳴之狀態，它有明顯的奔騰之勢，二邊配有旗槍。主出武貴，上沙場立戰功。

大馬赶小馬：馬匹成群，是為家畜興旺之像，所以能出富貴而天下聞名。

群馬立仗：邊上有群馬列隊，像儀仗隊一樣，這樣的擺設，主出人尊貴，為入朝當宰相。

其它還有報捷馬，進馬，神童坐馬等，都為出貴，如果是驚馬，退馬，雖然也會有富貴，但隨後都是會敗的。

馬如果看到虎，那一定是會出凶的，是富貴遇凶險。

馬的形狀，最怕是馬頭低下，這種是放牧之馬，只低頭吃草，無從無儀。任人擺布。

馬山，也有再配馬鞍的，以證形之用。

（參圖六十二）

丁酉年去看的，所出之人在庚子年晉升為少將，此地是在浙江的紹興市。

旗，主要是水火體，也有是金水體的，大小不一，各形都有它自己的用處。如：

令旗：多見於龍虎身上，旗形小，呈三角形，又像似人的手所執而直立。

合旗：這種擺列多是在向上可以見到，它是左右二個旗相對而立，大小一樣，同門旗相似。

戰旗：上端猶如金星相連，但身為一體開面，或旗杆頭尖起，身體開面呈起伏狀。主將軍出戰立軍功（也有說是三個旗如品字）

大旗：旗的杆頭比較高，上端是金水體，整體開面，尾端相對較小。

卓旗：形狀像令旗，但比令旗要大，主出武將。

報捷旗：一個或三個三角形排列，旗身微微向後。

賊旗：上端起幾個尖頭，而且雜亂，旗身又搭地破碎，且斜出如水沒有收拾，主出打家劫財之人。

降旗：旗頭向下低伏，旗身搭地。

（參圖六十三、圖六十四）

圖六十三說明：這是重新手繪的，左圖為賊旗，右圖為降旗。

貴人，是有木星變化而來，它就像一個人的形狀，大多是在向上所見。也有那種體形特別高大的，稱為大貴人，也是尊星，它是可以自身作穴的。

關於貴人，在朝山一節裡面已有所說，雖然還有很多種，但它的形體基本上是一樣的，只是在格局上有大小貴賤之分。如殿上貴人，殿下貴人，（殿上貴人的格局要高於殿下貴人）馬上貴人，馬前貴人，馬後貴人等（馬上貴人的格局要高於馬前貴人，馬前貴人的格局要高於馬後貴人），這裡面馬後貴人為最賤，主出艱辛苦奔走之人。

其它還有很多的擺列，如：

鐘鼓：鐘和鼓都是金星體，都屬於高金體，二者的形狀極為相似，而且又經常同時出現，一般的擺列是左鐘右鼓。但也不是一定都這樣的，曾看到過只出現一個金鐘的，各地各不同。

（參圖六十五）

鐘和鼓雖然很相似，但還是有區別的，二者的區別是，鐘的頂端小而圓秀，下端體大，鼓的頂端是大而圓秀，上下都差不多大，如下圖：

（參圖六十六、圖六十七）

囚帽：一個山頂橫而平，上面生出一個小的土墩或者小的石頭，遠處看過去，像是一個人戴着帽子。頭上不生樹木，只生一些茅草之類的植物，這種應物為凶，主出官災牢獄之人事。

席帽：是金水體，山體鋪開像席子一樣，二邊呈圓弧形，頂上突起一個小金形的高巒，從遠處看過去就像一頂帽子。

也有方形的平崗頂上，再起一個土形的高墩，形狀像帽子，這種又叫方山席帽。席帽是有貴賤之分的，主要是要看龍格取用而定。

（參圖六十八）

白芒蚩尤，這是一個形體因擺設方向不同的二種叫法。它的形狀像農家翻晒穀物用的三叉，邊上二個長度相等，中間的叉要比邊上的長一些，二者的區別是，一個是橫立，就是三個叉頭向左或者向右，就像一個山字橫倒，一個是三個叉頭向上朝天，如正寫的山字形。

橫倒者，它的尖鋒如光之芒，稱為白芒，向上直立者稱為蚩尤，也有直立的像個字倒寫的形狀，（參圖六十九）

這二種形體都極為凶惡，主相互爭鬥残殺，如果邊上再另有凶星相配，則有滅宗絕嗣之憂。

棺形：體長而方，是土星的變體，一頭大，一頭小。橫而平放的，為停棺，另有二種傾斜的形狀，一種是大頭向上，為上水棺，一種是小頭向上，為下水棺，上水棺和下水棺都是客死他鄉之應。人亡故在外面，是要運回老家安葬的，古時交通不方便，多是用船走水路的。

（參圖七十）

圖六十九說明：這是新的手繪圖，圖左為蚩尤，圖右為白芒。

七 穴法

父母山起，也就是穴星已成，便是可以求穴了。所以又有求穴先看穴星的說法。有經云：「備星於龍法之中，穴根於星辰之內。」星辰，即指的是穴星。

下穴之前要先定穴，定穴之法，《疑龍經》上是這樣說的：「貪狼不變生乳頭，巨門不變窩中求。武曲不變釵頭覓，祿存不變犁壁頭。文曲不變落平地，破軍不變戈與矛。輔弼不變燕窩仰，變與不變宜精求。」

然而，又有經云：「乳頭之穴怕風吹，風若來時人滅絕。釵頭不圓多破碎，水傾穴內必生災。仰掌要在掌心裡，左右挨排恐非是。」

這前後二句話，說的都比較明了，第一句說的是以九星而定穴，第二句說的是定穴時的要求，不能以為只要是九星生成就可以照章定穴，還要看穴有沒有受風，有沒有被水所侵等等。

求穴還要看穴暈，所謂穴暈，就是生氣顯現的地方。先賢有說：「定穴當從氣現，穴無氣不成，氣者穴之情，識氣可以點穴。」《葬書》上說：「葬者，乘生氣也。」即是指此。

這猶如日月在天，它們的周邊會有光暈，穴也是如此。所以穴暈是無形的，但也是有影，這叫有影無形。至於要怎麼樣去辨認，這個是很難用語言說清楚的，只能是學者自己去意會。

歷來所講的只能意會，不可言傳，說的就是這種情況，而不是教者賣關子不肯說。

因為生氣很難識別，所以要有別的方法來求證，所證之法，就是分枝幹、辨砂水、認星辰、察穴情等等，也就是說，前面的諸種方法，都是證生氣之法。

既然暈是穴的生氣外顯，那麼，下葬就一定要挨着穴暈。暈是正的，葬也要正，暈是偏的，葬也要偏，只有隨暈而下，才是下葬受穴，受穴才能發福發貴，這是因為它得了生氣。如果是葬在暈外，那就是不受穴，不受穴，那就是脱離了生氣，脱離生氣而葬，不但難以發達，還會有絕人丁之憂。

脈穿而出暈，暈出即是應脈。所以，脈如果是微，則暈是隱，脈如果是渾，則暈是隆，脈如果是高，則暈也高，脈如果是低，則暈也低，這個就是地之理。

六圃先生說：「暈有內暈和外暈，外暈憑其開懷，內暈以此收宮。外暈為影，內暈為形，憑影得形，得形而忘影。」

這裡說的是求穴之法，雖然說暈是沒有形的，但它是有影向外散發的，這就好比一個人站在轉彎的地方，你是看不到的，但是只要有光線，他就一定是有身影向外投的，你就可以憑這個身影而找到這個人，這就叫憑影得形。

憑影得形，就是意會的一種方法，有緣者當能會通。

高山石暈，指的是由粗到細，再到中間，一定是石質，而不是像石一樣的土。

平崗土暈，指的是由粗到細，再到中間，得到的一定是至精至美的土。

平洋沙暈，指的是由粗到細，再到中間，得土便可以。

山川地理，變化多端，所以結穴之形也是有很多種，僅怪巧之穴就有十種，而常見到的有窩，鉗，乳，突四種。

窩，呈圓形，就像二個手合捧圓形之物，以左右均停為正格，左右不均停為偏格，《葬書》上說：「形如雞巢，法葬其凹……」

鉗，是指穴張開兩腳，就像人手掌上虎口的形狀。鉗有直鉗，即兩個腳是直的，但要婉秀短小，不能過長，長了就不吉為凶了。也有叫曲鉗的，即兩個腳像牛角一樣向內彎抱。也有一邊的腳是直的，另一邊的腳是向內彎抱的，彎抱的地方一定是逆水的。也有一邊的腳長，另一邊的腳短，腳長的地方一定也是逆水的。

乳，是穴的二邊有護抱，中間生乳，乳頭要光圓，要居中，乳穴的大小或長短，都是以二邊的護抱相對而言的。

突，就是平中起泡，所以又叫水泡，魚泡，龍珠等。高山突穴，要左右彎抱，平崗突穴，要界水分明。也有雙突，三突的，如果突起的大小一樣，高低一樣，突面也一樣，則雙突可下雙棺，三突可下三棺。

窩形之穴有四種，一是深窩，二是淺窩，三是闊窩，四是狹窩，這四種都是以左右兩掬均勻為正格，如左右不同，那是變格。

窩形之穴又有二種不同之體，一種是左右交會，名藏口窩，一種是左右不交會，名張口窩。

窩形四格之變，又有仰俯不同，身俯者，要窩中有小小的突，穴就安在乳脈上，托面仰者，要窩中有小小的突，穴就安在突中。

廖公云：「凡開口之穴，靈光合聚於中，餘氣分行於外，雌雄相顧，血脈交通，此謂之吉穴。」

龍有陰陽，那穴也一定是有陰陽的，一定要下在交媾處，否則的話，陰葬陰為死，陽葬陽為絕，這就是為什麼有的葬了龍穴之地也會不發，反而出死絕的事。

窩穴、鉗穴、仰掌穴等之類的是陽穴，珠、泡、乳、突之類的是陰穴。陽來陰受，陰來陽受，這是求穴的一定之理，

穴星有三勢，一為立勢，二為坐勢，三為眠勢。三種勢態不一樣，求穴也不一樣。此又稱為天穴、人穴、地穴。

立勢，因為它身聳而氣上浮，稱為天穴。

坐勢，是身屈而氣中藏，稱為人穴。

眠勢，是身仰而氣下墜，稱為地穴。

（參圖七十一）

通常來說，作穴有蓋、粘、倚、撞、吞、吐、浮、沉八種作法，但這八種并不是用在所有的穴上，它是要根據結穴之情形來用的。

蓋，是指高穴，即山頂奇形之穴。

撞，是指中穴，即穴星是人形，穴是在臍上。

粘，是指低穴，即落脈龍氣太旺，沒有穴情，前去見到有龍虎之砂左環右抱，明堂秀氣，又朝對分明，在其唇下培土而作。

倚，是指偏穴，即如木星閃側之穴。

吞，即平坦陽龍，葬在它的突泡內，為陰受胎。

吐，龍來勢急，落脈過旺，龍虎砂低伏，或者脱出二，三之遠，在其有情之處下葬，穴後再培土以接龍脈之氣。

浮，即穴後的山低小，界水又不深，則不能開金井而葬，如果開金井深葬的，則氣在棺上面蕩，而棺受的是冷氣。

沉，來龍落脈頭高湧而急，但勢伏，要看龍虎砂，倘唇大者開金井深約八尺到一丈左右，見有氣斗形狀即止。

其它還有斬，截，鉤，挨等幾種幾作法，主要是用在奇龍怪穴上，并不多見。形雖然有多種多樣，勢也是天生的，而靈活運用則是在於人。大概幹龍多結奇形怪穴，枝龍多結正形之穴，正形之穴有正形的作法，奇形怪穴有奇形怪穴的作法，不能一個作法用到底。

古書中記有四種特別的作法，現摘錄如下，以供了解：

比如，有一種作法叫脱殼借胎，這是指龍到頭，星體又生得端正，本來是要結穴的，但這種并沒有在正體上結穴，而是在旁邊另外再起突，或者是向一旁蕩出，如水星行地起泡而有情，生氣結在泡上。

又有一種叫子投母腹的作法，指的是行龍到頭起星體，但星體飽頑，旁邊又没有出竅的地方，這種就要破其飽頑而扦之，因為它的生氣是內蓄在裡面，所以叫子投母腹。

也有一種叫借母養子的作法，比如木星帶着金星，這個木是要受剋的，此法就是在金星上開窩口為水，以水蔭木，就成了金弱木強，木就不會被金所傷。

另外，還有一種叫以子救母的作法，比如金星帶火，這個金就會被火剋而受傷，這個方法就是在金火處開水穴，火就不能發揮作用，金就能得到解救。

總之，龍有龍的走勢，星有星的變化，穴有穴的結作，所以穴的作法也是要依變化而作，其實，只要識得九星之理，辨明陰陽之化，又何愁龍穴的千變萬化。

土，水，石都能結穴，也有不結穴的，這個是不一定的，主要是看生氣，生氣到則能結穴，生氣不到，則不能結穴。

有時候少祖下來分出數枝前行，又都起各種星體，而實際上只有一枝是龍之真氣結穴，要分辨哪枝是真，只要看它的少祖就能知道真假。

平洋之穴，也要看它源從何處起，五星行動方為貴，有道說：「山裡星辰豎起看，平地星辰貼地眠，眠倒星辰看水勢，兩邊水挾真龍住，真龍到時有迎送，迎送纏綿無空缺。立穴時要看田地有動處方為真，所謂動者，即田地有高低，高者為動，低者也為動，又水本是動，要求其靜處，地本靜，要求其動處。」此所謂動和靜，其實就是指陰和陽。

關於穴土，常聽到，穴一定要五色土，土一定要有清香味，味一定要帶甜，這樣的說法，聽着好像有道理，實際上是荒唐無比。

《山法全書》中說：「凡不知地理之人，專好言土色，專以土色動人……故言土色者，是下下庸術，局外之人。」

上面這句話的意思是說，不懂星辰龍穴的人，對龍穴真假看不懂，就用土色來說事。却不知道地下之土原本就不止一層，也不止一色，挖掘下去見到五色土是很正常的事，如果用此說來定龍真穴地，那地理只要論土色就可以了，古人又何必專門著尋龍點穴之書？這個話是說到點上了。

你可以去看看那川藏道上，滿山都是五色土，這是地之特色，而不是滿山都是龍真穴地。

大凡龍真穴的，都是天然生成，龍是真，局也真，星也真，那麼，它的土也一定是真的，并不會一定是人所求的五色土。即便是土色不美，也是能發富貴的。

當然，嫩枝小龍和大龍枝杆所結之土是有所不同的，但也不是以五色土來論的。

《青烏經》上有專論土色：「乾入戌則黃色為主，入亥則細白沙，坤入未則青石，入申則金沙，巽入辰黃泥為主，入巳則紫色土交紋，艮入丑則黑色為主，入寅則青色為主，四胞色尤妙，四金色黃為主，兑坎，白石，離白泥，卯白沙，四强多虎石，四順多白石，四金局，四胞抱暈則下有五色土堅潤之驗，四正白為主，先陽龍逢陰則外石内土，先陰龍逢陽則外土內石，石上堆土成墳可也。假令，艮寅背上，乾巽合交，外有石，內有土，乾亥背上，坤艮合交，外土內石，陽為石，陰為土，餘皆倣此。」

《青烏經》這一土色之論，可謂是詳細了，也是在理上的，把它摘錄在此，是為學者提供一個參考。

實際上，要想知道穴下是什麼土色，以本門之法，只看一個地方就可以。這個地方是什麼土色，那穴下也一定是這個土色。但這只是一個技巧而已，并不能論穴的真假。

總而言之，穴土是以色秀而潤，細而堅為吉，以塊狀，水泉，砂礫為凶。大多數龍真穴的，它的上面一般是不生樹木的，即便是有生着樹木，那也一定是極細小的樹木，而且只是浮根不深。

也有極個別很奇特的穴，旁邊有木長成大樹，以遮人眼目，以為沒有穴。其實，這種是天地造化之隱藏，是在等待有福緣之人，而不是隨人意可求的。

自然中的奇形怪穴也不止於此，有好多種，有閃偷孤露之形的，（閃偷，是正面有煞而閃於前後左右，孤露。是四面都是短而低，而來龍氣勢旺，勇於向前，或者是生氣旺盛而不怕風）有水走砂飛形局醜拙駭人的，有結在驚險之處的，比如結在高處巔峰的，或是結在水底，或者是結在頑惡的星體上，比如天罡孤曜。

也有結在山體半崖的，比如掛灯之類的，也有結在山角而生氣藏在腹中等等。

這種結奇形怪穴的，多數都是大幹龍所結，枝龍多數以正結為主。大幹龍因為枝幹長遠而不能收於穴下，所以穴下雖然是砂飛水走，但必定是大迴大轉而關鎖遠重，這就是穴的形局醜拙駭人的原因所在，實際上，砂與水并沒有真正的飛走，依然是在關攔之中，這樣的形局都是出大富大貴的。

穴形生的怪奇，所出之人必定也奇，穴形生的平常，所出之人也是平常。奇形怪穴，它的作穴之法也不同於正穴，以生，化，泄，開，培，築等法為用。

（參圖七十二、七十三）

穴的坐下方有軟肉，稱為裀褥，穴前的餘氣，名為唇毡。也有裀褥方有唇毡，則唇毡為裀褥的餘氣。簡單地說，穴前平仰圓收者為唇，唇前又展開一層平仰肉者為毡。

唇和毡有二者相等的，有唇長而毡短的，也有唇短而毡長的，唇如短而高起的，則毡宜寬大，唇長而平坦的，則毡短也無妨。總之，是以仰起托起之勢，兩角收上而中央彈出，四體寬平不欹不削者為真。

脣要圓而平滿，如果脣直而長，那就是有泄氣之嫌，如果脣是尖形的，那是一種凶煞，不可為用。但如果中間有水池，那就不會有禍，或者還會有吉祥。最怕的是脣口破碎，或像水一樣的散流，或者有亂石縱橫，或者呈陡峻之地，那都是凶惡之地，這個穴就不能扦葬，葬後會招橫禍，而且禍來的快，人去財也敗絕。

龍穴的應驗是有房分的，青龍管一、四、七房，白虎管三、六、九房，穴中即明堂案之對處管二、五、八房。比如青龍的第一重管長房，第二重管四房，第三重管七房。假如第一重不好，那就是長房不好，第二重好，那就是四房好，其它的都如此類推。

以山而論，有先賢指出五種山不可葬：

一是童山不可葬，是指山體草木不長，枯槁不生，砂成破象，也就是山無生氣。

二是斷山不可葬，是指氣行形來而山脈被掘斷，脈氣不能連，氣斷則脈死。

三是石山不可葬，是指山石頑硬無縫，不能開掘，這是因為氣是隨土而行，頑石不能行氣。

四是過山不可葬，是指山勢已經止住，但山依然還有橫過，這是無氣之山，因為氣隨勢行，勢止則氣住。

五是獨山不可葬，是指單山獨龍，没有其它的山跟着包裹護纏，這種也是没有生氣的，因為氣是以龍而會，單山獨龍是聚不成氣的。

所以，葬穴一定要有生化之氣，不可葬没有生化之氣的地方，對此，有先賢在書上說：

木主文，但也主蠢，故純木不可遷葬，葬之必出蠢才，因為純木無化氣（指木星傳木星，有三個，八個）

土主富，但也主愚，故純土不可遷葬，葬之必出愚昧之人，因為純土無化氣（指土星傳土星，有五個，十個）

金主武，但也主頑，故純金不可遷葬，葬之必出頑固不化之人，或出軍賊，

因為純金無化氣（指金星傳金星，有四個，九個）

水主秀，但也主蕩，故純水不可遷葬，葬之必出遊蕩之人，因為純水無化氣（指水星傳水星，六個水星體，一片水蕩）

火主祿，但也主凶，故純火不可遷葬，葬之必出凶而敗，或有瘟疫之事，因火性本就燥烈，又沒有化氣（指火星傳火星，有二個，七個）

先賢這話已說的直白，但又有玄機在裡面，有緣者自能悟出其中的道理，因為它終究脫不了陰陽變化之理。

八　立向

這是尋龍點穴最為關健的一步，稍有差錯，不但前面所做的都是空忙碌，而且還會出凶，上面圖三十五，劉光弟的祖墳就是犯了立向上的錯誤，把一個好好的三公之地，硬是變成了招來殺身之禍地。

龍穴的立向，是要依局而立的，因為龍穴是天生一地，那就有它自己的向，應該順其生成而立。不能因為貪戀別的朝山好看而放掉天生的真朝，也不能因為貪戀大局而居於假局之中。天生的真朝是越看越有味，越看越有情，其味無窮。假局初看是好，再細細觀察，就會感觉越看越無情無味。

巒頭以龍脈為重，以格局為定，以砂水擺列為用，而用天星理氣者只是以入首一脈為主，以此起天星，再去套砂水的位置而定吉凶，而全然不顧巒頭的本來作用，這是不合理的，因為巒頭的理氣不是這樣用的。

楊公說：「何必拘龍身入首，脈假定無成穴，凡點定一穴，吉凶禍福皆向而定，以出富貴貧賤，後出於龍身，以定久遠耳。此說明巒頭為重，理氣之偏失，不能以入首一脈用天星而定吉凶，應該以龍脈之穴為主，向為尊，依此而定吉凶。」

明代地理家徐試可說：「穴，鐘山川之靈，自有一定之所，非人力私智所為，是為天成。」

這個話就說的很明確了，龍脈、砂水、朝案等都是天然生成的，那麼，它的向就一定也是天然所定，不是人力可以任意擺布的，否則的話，天然生成的龍脈、砂水、朝案就變的没有意義。

但一直以來，一些地師不明真理，立向時多用羅經理氣去推定，用理氣去消砂納水，用理氣去推定生旺，曲解了地理之道。比如說向要合水，於是認為這個水就是局中之水，把向與水去硬合，而實際上，這個向要合水指的是穴的唇口下的金魚水，或者是毡下的祿儲水，而不是堂内的溝渠田水。也就是說，這個合水，合的是唇毡之水，之所以說唇毡為水，這是從穴中看出去而論的。

又比如說，分金差一線，富貴不相見，這裡說的分金，不是羅經上的分金，而是指穴星山的頂金。這是因為穴星山無論是哪種星體，它們的頂點一定是呈圓形的，圓屬乾，為金，所以就叫做金頂，立向對準金頂，也就是乘金頂之氣。假如立向時偏離了金頂，那就是偏離了脈氣，那前面的案朝，砂水也都一樣跟着偏離，這樣的話，後面的應發就會出現偏差，那原本應有的富貴也就自然不相見了，這種就屬於真地錯葬了。這也是葬了真龍穴地，不但沒有富貴之應，反而有敗絕之事的原因之一。

徐試可又說：「上如球之圓，即穴頂之微起腦，真氣由此而化生，又云化生腦也。下如檐之滴，即穴下之合水處，所以聚穴內生氣，故一名檐，又云小名堂也。蓋者穴山之頂，即蓋穴也。即分金，檐即合金，兩旁蔭腮即為夾金，古云：四金證穴，此之謂也。上枕圓即為坐，下對尖即為向，古云：個字三叉尋坐向生成不用便羅經者，此也。」

徐試可的這段話，把立向分和金之事說的很到位了，也很在理上，立向與九星八卦等理氣之說沒有任何的關係。四金合水都是天生成的，所以坐向也是天生成的，當然就不用羅經。

明白了上面的道理，則立向就變的直接了，古人傳有倒杖法，或牽線法，二者其實是一個道理，一個方法，只是使用的工具不一樣而已。作法是將杖或線的一頭對準金頂，一頭對準朝案，也就是在穴星金頂和朝案之間拉出一條直線，然後又將左右二邊的夾腮對準拉出一條直線，二條線的交會處為中心點，也就是常說的天心十道。

天心十道拉出後，還要看十字是不是正，假如金頂和朝案的線對準了，但左右二邊的對不準，或者是左右二邊的對準了，金頂和朝案的對不準，那一定是有一條線有誤差，那這個十字就不會是個正十字，所立之向就必定有偏差，一定要四點對準，十字也正，所立的向才不會有偏差。

也有技術精到的，可以不用杖或線，也不用立標杆，而是以金頂為坐，唇毡之水為向，用眼目而定的，這種就叫做真眼法。實際上，這是師者經驗老到，能做到心中有線，才可以如此而為。

總之，立向時一定要仔細審視好堂局，看明白穴的前後左右，然後定出十字，不要不明就理，貪戀朝山，從而造成真地錯葬，誤人誤己。

（參圖七十四）

九　宜葬之地

雖然龍真穴的，有格有局，又有應物擺設，能發富發貴，固然是好，但龍真穴地畢竟是少，也不是人人能得龍真穴地，因此大多數都還是葬在平常之處。然而，平常之地，也是有宜葬和不宜葬之分的，那些遷葬在宜葬之地的，如果遇到山水有情，或得元運之配合，還是能安居樂業，繁衍子息的。

所謂宜葬之地，就是指龍雖然不富貴，又沒有什麼格局，也沒有什麼朝秀擺設之類的，但旁枝秀脈有些氣息，山水多少還有些情誼，又或者借於他山之秀，或者得益於眼前的一水之力，配合的好，也是能發一點小富小貴的。這叫雖然不得真龍穴，也是能發福的。

最不宜的是，不但龍穴不真，地勢又是險惡，來去之水反弓過穴，或者穴前之水斜飛直走，或者是龍虎之頭當面捶胸，或者是五獄之地等等，那一定是子息不壽而絕，或者是窮困潦倒，常犯官司牢獄之災。也有那葬在山體背面，三面受風吹，終究是常出意外之破，傷人又敗財。

又常常看到那財大氣粗的人家，講究排場，要體面，只管墓地要做的大，要做的高，在一山之中赫然顯立，且全然不顧立穴的最基本要求，到後來敗落了，還不知道是什麼原因。

曾見有一人，在事業興旺的時候，聽從一大師之言，將上代的墳遷葬到一山頂的高崗下面，說是越高越發，遷葬後没幾年的時間，事業開始敗退，以至到後面負債累累，官司纏身。到後來當他明白這個事的時候，已經是没有能力再买地遷葬了。

類似的事還有，例如有一地，把人工開山石挖出來的地方，當作自然的葬地，葬後災禍即至。

（參圖七十五、七十六）

此地扦在一個廢棄的山堂裡面，墓的位置是原先開石後留下的一個平台，戌山辰向，穴前陡峻，前面又有公路横穿而過，向上他山路過，無情。右邊白虎是被採石後的破面，左邊青龍没有，只是人家人種着的一些竹子和山邊生出的幾顆樹，明顯的是一個不宜葬之地。

東家現場没有說一句話，只叫我看看。我說此地是敗財之地，不利人丁。及至推斷出具體的人事和應年後，東家才開口問：要怎麼處理？

下山後反饋：這是請一位大師选的地方，葬後約五年左右，墳主的二房開始先敗，破財千萬，隨後，長房的兒子因賭博幾乎輸光了家中的錢。

這是庚子年去看的，當時還告知他，如不另外遷葬，到丙辰年，長房或者還會有損丁的事。

又比如有一地，得山之生氣，借旁邊路過之水的情意，雖然前没有案山和朝山，只有村民的房子，房子前面也是空曠之處，但下葬得法，却也得到了吉應。

（參圖七十七）

據他講，從前村裡面有人家將墳扦在這裡，後面幾代都小有發富，但奇怪的是，墳主後代發了小富的男丁，都是在五十歲左右突然發病而亡，而且都是去墳上加了土回來而突發，（當地有冬至加墳土的習俗）至今已沒有人敢去墳上了。

從現場看，這個出事的墳是做在了蛇的口上，極凶，故有此應。而現在蛇口前面有一塊平鋪如裀褥的地，地的前面有小水彎繞而過，小水前面又是一大塊平鋪之地，之外又有溝渠之水橫過到左，與小水相滙後從左邊的山腳下而前去，綜合斷定這個應為黃蛇吐氣之地，雖然沒有其它的應物和格局，前面也沒有朝山案山，出不了大富大貴，但應該還是一個宜葬之地，可以借用溝渠外側的高路作為關攔。八年後，黃姓人家來謝，期間喜添一男丁，自己在外辦工廠生意年年上升。（參圖七十八）

十　形物之辨

從太祖到穴星，從應樂到擺列，從朝山到案山，都各有各的形狀，各有各的叫法，其中有一些形體比較類似，容易看錯，現把一些形物选擇出來，并放在一起進行比對。

龍樓：是三個或者三個以上的木星體堆在一起，其中有一個體形高大，脈從其中而出。

鳳閣，是三個或者三個以上的火星體聚在一起，其中有一個體形高大，脈從其中而出。

龍車：是土星上生出金星。

鳳輦，是土星上生出火星。

（參圖七十九）

寶殿：是多個火星體平行。

辭樓下殿：是星體特起特降，是先下而後是辭，也就是從山頂下來，山成特降之勢，數里之後又特起大星辰。

庫和櫃：都是長方形，四面也都是平的，以體形大小而分辨。體形大的是庫，體形小的是櫃。

龜與鱉：這二種都是金星體，形狀極為相似，它們的區別在於龜的背高，四周沒有裙邊。而鱉的背比較低，四周有裙邊。

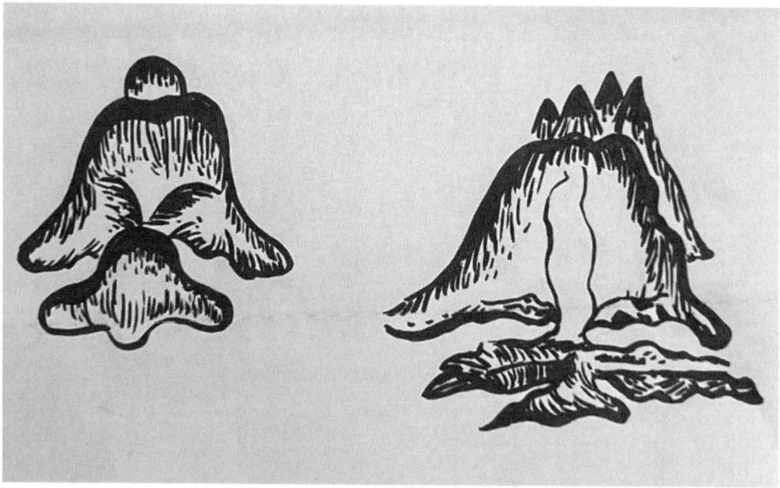

圖七十九說明：這是新的手繪圖，左圖為龍車，主為帝用，右圖為鳳輦主出王妃。

（參圖八十）

拋梭與走馬：這二者的形體也極為相似，都是獨立的小山體行走。二者的區別在於，拋梭是山體之間有脈線，而走馬看不到脈線。這二個都是行龍過峽之巧妙，前去一定是有結作的，而且都是富貴穴。

（參圖八十一）

串珠與絲珠：串是連接的意思，絲，為懸

圖八十說明：這是新的手繪圖，左圖為龜，右圖為鱉。

圖八十一說明：這是新的手繪圖，圖左為拋梭，圖右為走馬。

掛意思。珠，就是圓埠形的小山。

串珠是指平崗的小山相連，絲珠是指高崗垂腳下來，下端有圓埠形的小山。如果是平崗上有多個如水泡一樣的高墩，又沒有脈線相連，那叫散珠，如同將珠子撒在地上。

串花與散花：有形巒似花朵，有絲線串帶的為串花，沒有絲線而又散亂的為散花。

玉絲鞭與玉琴：玉絲鞭體形小而長，玉琴則是體形大而短。

上嶺蛇：是上端部份大，下端部份小，像老鼠的尾巴，這種是主貴。

下嶺蛇：是上端部份小，下端部份大，像鶴的頸部，這種是主富。

蛇與蜈蚣：二者的區別在於，蛇的身子長，但沒有腳。蜈蚣的身子短，但長有腳。

帶：形體廣而大，又曲而不摺。

虹：長而圓，首尾一樣大，還要有江河瀑布相映。如果沒有江河瀑布，那就不能稱為虹。

玉帶與犀帶：帶上有魚，為玉帶，沒有魚的為犀帶，玉帶的貴氣要大於犀帶。

席帽：為金頭水體，但沒有腳，或者是金頭土體。

唐幞：也是金頭水體，但是有腳，模樣就像一個人的頭上裹着毛巾。

半月：就是形體像半個月亮，這種是主出武貴。

偃月：比半月要細小，像每月初時的彎月，主出人文章顯達。

印和盂：都是圓形體，印是中間高起，因為是要手握的，盂是中間低下，因為它是要盛食物的。

裝寶駱駝：駱駝是伏下之勢，看不到腳，主出富足人家，但是要出門經商才能得到。

卸寶駱駝：駱駝有腳，主出富足人家，可在家就能坐收漁利，不用出門經商。

（參圖八十二）

貴人山：木星變出，體圓而頭尖秀，或者頭圓而分出二肩者。

披頭山：也是木星變出，身體高聳而頭圓，又邊卓立邊斜抱者，形如披髮。

舞袖山：山有腳飛擺送水而上，下面没有尖射。

離鄉山：山有飛舞如袖如帶，又順水而出。

流星山：山低平而圓，細而帶着尾巴。

抛頭山：山低而不平，又有一小

圖八十二說明：這是新的手繪圖，左圖為進寶駱駝，右圖為飛天蜈蚣。

堆埠脱離如人的頸项，或長或偏帶着尾巴呈散髮如帶，旁邊又有刀劍之形。

馬鞍山：山形如馬而有人行之路，有白石路橫山平過。

自縊山：山形如馬又似人頭倒卧，有路從其凹處直下。

宣詔山：有山高聳在後，而前面之山平坦如纸。

讀判山：有高山在旁邊，平面山在前側，低小而無秀氣。

神童山：三山尖秀之下有小的秀山，主出神童。

哭兒山：高山有低頭之形，而小山是側倒之形。

倉庫山：山體長而微方且端正，一頭高而厚。

牢獄山：山體形似倉庫山，但身體破陷如開門，或者像圍墻破屋一樣。

祥雲山：平崗婉轉，前面有花頭像雲一樣的形狀。

張網山：平崗後面高，而前面低陷破碎，像網張開一樣。

魚帶山：有小山貫串相連成帶狀，而山體上有壘壘者像魚。

葫蘆山：山體排列成帶狀，而有二個山單獨相連，連接處像凹頸而呈葫蘆形。

錦座山：山體小，形如截木一樣。
乞羅山：山體形如錦座，而旁邊有獻手或手腕的。
車輦：高峰之下出平崗，相連而且圓净。
昇棺：高峰之下出平崗而又高下者。
旗山：山體高而又垂腳向後者。
淫山：山體生得醜，又如開胸見乳，或如掀裙見腳者。
卧牛：牛呈伏下而又有迴頭之勢。
行牛：牛有腳而頭直向前。（出欄牛是頭向上昻起的）
食牛：牛的肩頭呈高下之形，牛以口食草。
這三種牛形，以卧牛為最貴氣。
坐狗：頭身向上直立，前面有雙腳，主出人一生困苦。
走狗：有四腳，頭身前傾，如狗在行走，一生辛苦勞碌，但能得點小財。
眠狗：形如狗卧在地上，這是土星化出，主財富。

臥猪：猪身横倒在地，能主富。

行猪：四脚着地，形體直立，主經商致富。

臥猪和行猪，雖然都能致富過小康的日子，但都是庸俗之人。

斬頭：山如斷頭曲折脱離，又有刀劍山形相見，主犯罪被斬，如果出現在旗山下，那是作將軍斬敵為看。

羊蹄：一個山上并生出兩個曲尖，又有踏出之勢，主出人為盜賊。

剪刀：一個山上并生出兩個尖頭，而且相向或者相遇，這個就為盜賊之剪刀。

（參圖八十三）

鼠與兔：鼠的形狀小而長，兔的形狀是短而肥。

圖八十三說明：這是新的手會圖，圖左為羊蹄，圖右為剪刀。

勸杯：諸山聳立或成台子一樣。

壽杯：諸山聳立，貴人端坐而群山拱揖。

獅形：身為橫土，頭為方土，總體是頭大身小。

虎形：身體為金水體，頭小而圓，身的形體大。

十一　舊墳分析

學習地理，最有效的方法就是去考究舊墳，特別是那些龍真穴地，而且是吉凶都應發了的舊墳。這種學習方法能起到二個方面的作用：

一種作用是到某個區域，根據自己的所學，去尋找龍穴之地，以驗證自己所學是否是真，或者是否學懂。

另一種作用是依據已知龍穴地所應的人事和吉凶，同現場的龍穴砂水等格局進行復盤，這樣就能比較快地提高自己的水準。因為做地理的，這一輩子是做不了幾個龍真穴地的，更多的是學習和傳承。

實際上，對舊墳的考究，還不止於這二點，它還能解釋一些歷史上的問題，還原它的本來面目，同時還可以豐富自己的學識。有些東西書上是學不到的，師父也是教不盡的。因為每一個人，他所在的區域和他的行為都是有局限性的，很多有成就的先賢們，他們的足迹都是跨越過許多山山水水的，而不只是局限於本地區。這方面，歷史上最有名，也是最有代表性的就是明朝的劉基，他的足迹遍布江南很多省分，以至於人們誤認為他是在到處破風水地。

所以，歷代的明師，除了他們得到真傳和自己天生的悟性，更多的是在實踐中得來的，而這個實踐主要就是多走多看。

下面是對幾個舊墳的考究，出於對師門的尊重，就分析和推斷上作一個大概的論述。

1 出狀元地

這個地是在浙江的上虞，因先後出了文武二個狀元，後來取名狀元嶺，同樣是狀元，但二個人的命運各不相同，反差很大，此事是有正史記載的。值得地理學者進行研究和探討。

（參圖八十四、圖八十五、圖八十六）

此地先出一人，名叫羅萬化，於明朝隆慶二年（一五六八年）先中進士，後殿試點中文狀元，被授翰林修撰。

據史料記載，羅萬化為人正直，當時的首輔張居正賞識他的才華，想拉他入其門下，被羅萬化所拒，因而多年得不到重用，直到張居正死後，羅萬化才得以仕途暢通，一路官至南京吏部尚書，國史館副總裁。後來因身體原因，十次上奏章要告老還鄉，後病死在返鄉途中，皇上得知後，追贈羅萬化為太子少保。

此地後來又出一人，名叫羅淇，於清朝康熙十七年（一六七八年）殿試點中為武狀元。

時逢西藏叛亂，於是，康熙命羅淇領兵十萬，前去平叛。在前後一年多的時間，羅淇打了十九次仗，因為得罪了朝中大員，每次的戰報都是被篡改為打了敗仗而呈給康熙。康熙在一怒之下，將羅淇削職為民，時間是康熙二十年（一六八零年）數年後，康熙了解了事情的真相，下詔召羅淇赴京，羅淇以為這是要治他的罪，在家中自殺而亡。

（對於戰報被篡改，數年後又接到上京詔書，竟因害怕而在家中自殺，這些多來自民間傳說，難以考證，從地理上來看，這二個事情也是有存疑之處的）。

從高中狀元，到被削職為民，一共三年時間。

同一個地，相隔百年，出文武二位狀元，文狀元仕途順暢，至老而歸，武狀元是戰報被篡改，僅三年就被削職為民。這二個事情從風水上去研究它，是很有意思的。

首先，是一個地出了文武二個狀元，中間相隔了一百一十一年，足見龍力之雄厚。

其次，先出文，然後出武，原因就是在穴星山和向山上。看上面二個圖，穴星山是大貴人，主文，向上是馬星，但這個馬是高頭而平行，是入朝之馬，也是主文，也就是說，這個地是文重於武，那麼，先出文後出武是必然的事了。

再則，文狀元仕途一路順暢，至老還鄉，而武狀元的經歷却是截然不同，主要原因就在應樂擺列上。

看它整個格局上，除了穴星山的大貴人，其他還有馬山，仙橋，筆架山，列隊，卓旗等應樂和擺列，對於文狀元來說，大貴人，馬山，筆架山，仙橋等都是他所用的，這個地方具備了文狀元的條件。而對於武狀元來說大貴人，仙橋，馬山，是他和文狀元所共用，列隊，卓旗則是他所用的。然而，在這個格局裡面，沒有鼓，刀，劍等武將所用的東西，雖然有卓旗高大，但它的旗身是搭地的，是敗旗。既沒有打仗的武器，又是一面敗旗，那麼，他的屢戰屢敗也就不足為奇了，至於三年便被削職為民，應該是與龍身的氣數有關，可見人世之事，在地理上是早就有定數了的。

2 出附馬地

這是戊戌年去看的，當時是趙清平還帶着他的學生一起去廣州增城訪道，增城的潘老師十分熱情，說帶去看一個賴布衣留題的地方。

留題是這樣的：紅馬追白馬，追到陰山下，誰人識得破，後代出附馬。

從這個留題上看，應該是金星傳變，呈現出馬的形狀，又連續起伏，出現二馬追逐的形態，然後再化出生氣結穴。而結穴的地方也一定是清貴之處，絕對不會是在混濁臃腫地方。

到了現場，因為穴的内堂都建了房子，反而看不清四周，於是只好在中堂觀察。（參圖八十七、圖八十八）

那一年去看的時候，這圖中的樹還沒有這麼高，能夠看到穴星山和前面的建築物，現在這一排樹的中間是一條橫着的公路，車子過不去了，也就看不到穴星山前面的東西了。

當時，趙清平指着穴星山前面的建築物問潘老師，那個是什麼房子？潘老師說是一所學校。趙清平就說這個學校的位置，以前應該是一個圓形的土墩，上面應該還會有石頭之類的東西。

潘老師一聽，非常驚訝，說以前是有一個圓形的土墩，上面也有一些排列的石頭，後來是建造學校的時候挖平的，這個地形只有七十年代以前出生的人知道，你是怎麼知道的？

趙清平說這個地的原樣應該如此。

其實，這是根據賴布衣留下來的地課，和現場巒頭的生成情況反推出來的，也就是用巒頭功夫將地形的原貌進行恢復分析，這個曾經存在過的圓形土墩實際上就是穴位所在。只有在這個位置生成這麼一個形體，才符合賴布衣留題所包涵的內容。

（參圖八十九、圖九十）

這個白虎方的山，在當地叫做陰山，也就是賴布衣留題中說到的：「紅馬追白馬，追到陰山下……」大概也就是這一句追到陰山下的話，讓當地的人都認為龍穴就是在這個山邊上，於是一直以來，人們都在這陰山上做墳地，而那個真正的穴地却沒有人去做，可惜了一方好地，因為沒有人識破而空留了千年，一直到被挖平建了學校。

3 出將軍地

這個地方是在浙江諸暨的盤山村，小地名叫磨盤山，因其山頂上有大石圓如磨盤而名。

這個村的人都是姓蔣，是一個宗枝。據史料查證，在民國時期，這個村裡僅黃埔軍校畢業生就有二十人之多，總共出了十九位將軍，五十三位校級軍官，被稱為七十二根横皮帶（横皮帶，是國民黨軍官穿着的佩帶）。

其中有蔣伯誠先生，他先後參加了反對袁世凱的護國運動和北伐戰爭，并於一九二八年出任國民政府浙江省政府主席。

最出名的就是國民黨軍五虎上將之一的蔣鼎文先生，他畢業於浙江陸軍講武堂，參加過辛亥革命，曾任黃埔軍校教官等。抗日戰爭期間，歷任第４集團軍總司令，西安行營主任和第十。第一戰區長官，先後多次參加抗日戰爭。

在新中國成立後，又出了二位省級幹部。

一個宗嗣，在同一個時期出了這麼多的人，這不可能會是各家的風水上出的，因為要這幾十家人都佔了真龍地，又要同一個時期出人，理論上是說不通的。只有一種可能，那就是他們的共同祖墳上出的。

現場看到，整個村子依磨盤山而建，有溪水從村子的東南方而來，經北面流過，進村必須要過橋，是一個依山傍水的格局。村中間的一個平地上有一個比較講究的墳，規模也不算小，四周都是村民建的房子。

據村裡的人說，這個墳是他們這個村開山祖宗的墳，墳地原來是一個沙堆一樣的土墩，是同右邊那個山相連的（即磨盤山）後來，因為村民建房子把土墩給平掉了，只有這個墳被保存了下來，但是變成了一個平地上的墳，除了大樟樹，已看不到任何一絲的原狀了。磨盤山也被成排的自建房子遮擋了，在墳地只能看到房子，而看不到山。（因為墳的圍護和墓碑上都有字，恐有不便，所以不發墳的照片，有興趣者可以去實地考究，村裡面還有祠堂，祠堂外面有一長長的照壁，上面有專門的塑像和人物介紹）

（參圖九十一、圖九十二）

分析一下這個他們開山祖宗的這個地，（根據村民的描述和現場能夠看到的進行復盤）這個村之所以叫磨盤山，是因為山頂上有大石圓如磨盤，那就是說，這個山是一個太陽體，有山脈出來到水邊起沙堆一樣的土墩，說明這個穴山不是很高，但應該是很清秀。（這裡面有二種可能，一種是太陽體下來，吐乳起突，一種是太陽體出脈又起金星開窩口）墳是乾山巽向，向上是天馬山，左邊的山是展開的屏帳，右邊的山就是磨盤山，水從午丁方來，從辰方經坎方直直而去，水口有鎮守之物，整體格局上是一個出武貴的地方。

乾山多主出武貴，天馬行空出英雄，也就是說，只有這個墳才是出將的地方。

那為什麼是同一時期出這麼多人？

從墳邊上的墓志銘上看到有墳主的去世時間，依這個時間進行推算，從墳主去世到出這一批人的大概時間，中間正好相差了五百四十年左右，經向村民了解，這五百多年間，他們這個宗姓在雍正二年出過一個進士，其它也沒有出過什麼人物，一直到出了這一批將領。

為什麼是經歷了五百多年才出人，而且是同一時期出這麼多人？這顯然是一個值得思考的問題。

從天星理氣這個角度來說，這似乎就是一個大三元地。因為它正好是五百四十年，（天星一運為二十年，九個運為一百八十年，為一個大元運，三個大元運是五百四十年）。

其實不是這麼回事，而是這個龍的祖宗是土星，前面說過，龍的祖宗是土星的，它就發的慢，可以經數百年而出人，但力量也大，所以才會一下子出這麼多人，而且在這一批人的三四十年後還有人出。這不是天星理氣所能解說的，都是地之造作。

還有個問題，就是有村民說他們這個村雖然出過這麼多將軍，但現在同這個區域的其它村相比較，經濟上算是落後的。這個其實在巒頭上已經是明擺着的，最明顯的就是它的來去之水，是挨着整個村子後面橫來直走的，幾乎没有停蓄和纏繞。這是無情之水，在地理上有着先天的不足之處。但去水方畢竟是有關攔鎮守的，加上時代的進步，應該也能富起來的。

4 劉基自卜地

劉基，浙江青田縣南田鎮武陽村人（現屬文成縣）作為一個明朝的開國功臣，他的神機妙算和堪輿之術一直為後人所樂道，他一生足迹遍廣，很多地方都有他風水上的傳說，歷數百年而不衰。

民間傳說他是到處斬龍脈破風水，為朱家保江山長久。我認為這是人們對他的一種誤解，實際情況應當不是這樣的。作為一個精於堪輿之道，又貴為國師，相信他是不可能去做這種违背天道人伦之事的，更大的可能是他作為一個堪輿家的愛好，或者是個人的需要而遍訪尋地。

之所以這樣去理解他，因為僅在我地南部山區，就有好幾個地方都有劉基當年走過看過後留下的地課，這些地至今完好，并沒有被破壞。比如下面這個地：

（參圖九十三、圖九十四）

由於劉基的身份和名聲，他的自卜墓地就理所當然地成了後學者的追趋之地，而歷史上，劉基的後代為保護他的墓地，又在南田的好幾個地方都建了劉基墓，以至於常有人找不到劉基的真正墓地。

劉基真正的墓地在 1980 年就被文成縣列為重點文物保護單位，1989 年被列為浙江省重點文物保護單位，2001 年被國務院列為全國重點文物保護單位。

我是乙未年的夏天專程過去考證的，劉基真正的自卜地，坐落在現浙江省文成縣南田鎮西垟村的夏山腳下，山腳邊有一個叫墳前村的自然村落，聽其名字就可知這個墳不簡單。山是從當地最高的石圃山下來的，因為此山下來之後，横列大開，并生出九個小山脈，而其中一個起頂結穴，所以民間傳說為九龍戲珠。

劉基的墓地是申山寅向，穴星端秀肥厚，青龍關轉有力，穴前有裀唇鋪展，堂内有印星，向上有秀峰，卯方有貴人等，再結合來龍看，是一個上等的文兼武貴之地。

（參圖九十五、圖九十六、圖九十七、圖九十八、圖九十九）

上面五張圖，已經基本上將劉基自卜地的概況呈現出來了，也能解開他後面幾代子孫所經歷的凶和吉了，因為這是一個先敗而後興旺的地，不得不佩服劉基的氣度和遠見，没有深厚的巒頭功底的超人的胆識，那是斷然不敢點用這個地的。

他在臨終前對兒子說，劉家到第五代一定會重新得到朝庭的恩賜，而實際上也的確如此。

據資料記載，明弘治年間，明孝宗皇帝想起劉基的功德，命人尋找劉基的後人，這個時候劉基的第五代嫡孫正因犯事被關在監獄，聖旨到後立即被釋放，并被授於處州指挥使（正三品武官，處州，即今天的浙江省麗水市）這不僅應驗了劉基對兒子的話，也應驗了他自卜地文兼武的格局。

後人以為這是他的神機妙算，其實，從他的自卜地的格局中就可以找到答案，這和天星理氣没有任何的關係。只有讀懂了他自卜地的格局，也就能明白了它的的所以，因為道理都是擺在那裡的。

5 蔣大鴻自卜地

蔣大鴻是清初期的地理名家，相關資料記載，他從小就隨祖父安溪公學習地理形家，後來又習無極子的三元地理，并花十年時間遊訪各地，考察舊墳，終於得大成，一生著有《水龍經》、《天元五歌》、《平砂玉尺辨偽》、《地理辨正》等書。對近代風水界的影響很大，晚年隱居在今浙江省紹興市平水鎮的若耶溪，因為他精於地理之術，被稱為地仙。

蔣大鴻的自卜地也是在若耶溪旁邊的石帆山下，地名林家滙，土名馬龍頭，喝形螺絲吐肉。

民國十一年，曾有行家去考察，詳細記錄了來龍的分支走向，起祖結穴，水法等。雖然記錄的比較抽象和概念化，但仍然不失為真實有價值。到了上個世纪的九十年代，隨着風水業的興起和交通的便利，去考察的人便多了起來。但認可蔣公自卜地的少，反而是貶低者更多，後來因當地搞開發，墳地被遷，更是鮮有人識的此地了。

由於蔣公原本寫書時就没有將三元地理的內容直接泄出，以至後學者看了似懂非懂，便說蔣公隱晦，也有學不明白的人說元空不是真的，也有說蔣公的風水術是假的，自己的生活都窮困潦倒。

及至蔣公仙逝後，又說他的自卜地没有風水，以至絕後等等。現代又有人說蔣公的假風水做到最後没有生意，自己是餓死的，此種說法者有失口德。

用一個正常的邏輯思維去推定一下：

一，蔣公如果没有真本事，那麼，在那個没有通信網絡的時代，他的地仙之名是怎麼來的？

二，蔣公如果做的都是假風水，那他隱居的幾十年間，怎麼會一直都有人請他擇地？

三，蔣公如果沒有真才實學，當時的《紹興府志》、《華亭縣志》、《松江府志》這些正史是不可能記錄他的名和事的。

當然，要現實確定蔣公到底有沒有真本事，看他的自卜地便是最直接的了解。丁酉年，本門貴州一脈的傳承人趙清平過來訪道，我帶新收的弟子阿達一同前去考察蔣公的自卜地。其時，原墳地已被開發建了房子，但還沒有完工，還可以進入區域察看。（注：我們過去約二十多分鐘的車程）

（參圖一百、圖一百零一、圖一百零二、圖一百零三、圖一百零四、圖一百零五）

從現場看上面幾張圖的地方，綜合分析，這應該是一個龍真穴地。

由於從戌方以下到明堂這部份，都已被開挖建成了房子和道路，無法看到脈線下來到穴位的本來面目。趙清平和我就依據現場形勢，將這個地方的原貌進行恢復分析，分析穴位是在哪個位置上？立的是什麼山向？穴位的邊上有什麼東西？

一、戌方出脈像個字形，但又不像個字中出，脈線有左右擺動之勢，說明這個脈是在動，是在向前尋找它停蓄的位置，也是有躲閃之意。雖然下方已經被挖斷，但還是可以推斷此脈還是要前行一定的距離，但也不會太遠。

二、從現場看，這個穴位應該是比較低，如果是高的話，就會受風吹，穴受風吹就是氣散，穴就不成。也就是說，前面推斷脈還要前行一定距離是成立的。

三、石帆山庚方起頂開面，石體堅硬，而戌方出枝秀嫩，這應該是老龍發出嫩枝，而且又是左右擺動之勢，說明喝形螺絲吐肉之說是成立的。

四、現場明堂的右側還有小的水流存在，并且在堂內纏繞後，經望仙橋與外面的河流滙合，那就推斷當時的穴前唇堂應該有兜收之勢，而且還有小的水池。

五、依現場的格局推定此穴應該立的是壬山丙向，因為只有是立這個山向，那龍、脈、砂、水、朝等形巒，才符合它們所在位置的道理。

在上述推定後，我們確定了穴的位置，并在這個位置上拍照留存。

當時在一旁的弟子阿達聽了覚得不太敢相信，後來他自己悄悄地去找了這個地方開發前的原始地形圖，這才來同我說，那天你同師伯二個人的推斷都是對的。

（參圖一百零六）

看上面幾張圖和描述，懂者自懂。看它的格局，後代不但不會絕，還是能有所作為的，而且是文武兼有，富貴二相全。這就證明了蔣公不但懂風水，而且還是一個形家高手，地仙之名并不虛得。

至於為什麼去看過的大多數人認為這個地是假的，客觀地說，如果只得看向上，巒頭上的確是有不足的地方，的確是有花假之嫌，這大概就是地難有十全十美說法的體現了，這個地的精妙之處是在於它的內明堂，在於穴前的兜收。

一直以來都認為蔣公只是精於理氣，這其實是一個誤會，是學者沒有真正讀懂蔣公的風水之術，於是得出風水之重在於理氣的這一錯誤之法，导至後學者認為做風水就是用理氣，於是只學理氣而不重視巒頭，而在實際中的應驗又都不高，便又認為蔣公的風水是假的了。這其實并不是蔣公的風水不真。

實際上，蔣公在他所有的書中都暗藏了一個重要的內容，即巒頭為風水之重，没有巒頭的理氣都是空虛的。

至於蔣公沒有後代或沒有出富貴之人的的說法，可以站在蔣公當時的處境去推測一下：

首先，蔣公曾經是反清復明人士，後來見復明無望，才操此為生，像他這樣的人，應該是被官府所關注的。

第二，蔣公最後落腳的地方，是當時的會稽和山陰二縣交界處，歷史上會稽不管，山陰不收的說法就出自於此，是一個三不管的地方，非常適合他居住。

第三，像蔣公這樣有過反清復明經歷的人，自然會影響到他後代的前程，那麼，他的後代或隱姓埋名，或者絕口不提是他的後代，或者移居別的地方，也都是在情理之中的。這種情況，歷史上并不少見。

第四，蔣公仙高壽逝，正常情況下，子孫應該已有三代了，那麼，要去考證他後代的話，至少也是要在他後面的第四第五代了，而不能以他的第二第三代為證。

所以，不能因為查不到，或者是不知道蔣公後代的情況，而就去說蔣公做風水自己絕後，或者說後代都只是平常之人，這是沒有思維的說法。

六　貪朝安墳

這個墳地在貴州清鎮市的一個水庫邊上，是乙未年從別的地方遷過來的，以水庫作為明堂，向上有秀峰聳立，明堂右前方有馬山，墳立辛山乙向。

（參圖一百零七、圖一百零八、圖一百零九）

辛丑年去覆墳的，從向上看，這個地方形勢生得漂亮，招人喜歡。然而，實際情況是遷葬後不到一年的時間，墳主二房的長子和長女突犯官災，被判六年，二房的二孫女多次更換學校，就是不肯讀書，而且二次服藥自殺被搶救過來。

這樣的堂局按理是不會出現這種事情的，其實問題就出在龍身上。

（參圖一百一十、一百一十一）

這是當年墳主聽信他人之言，貪戀朝向好看，全然不顧來龍的真假，又以為這洞口之地是傳說中的窟巧穴，便將墳遷到此地，卻不知道這是罡氣之地，墳不但不受生氣，反倒是受了寒氣之侵，所以才會有這樣的事發生。

而前面的朝巒，雖然生得好看，但對這個墳來說只是一個花假的東西，中看不中用，因為龍不真，堂局只是虛設，又或者這堂局是為他山所用。此墳如若不另外遷葬，必定是二房先行敗絕，這是典型的貪朝安墳，庸師殺人之例。

後記

地理之道，得之於師傳。

昔大清君師李奉來先生辭官歸隱於臨川，道號歸淳子。他將堪輿之道傳於劉隆。劉隆是劉伯温的第九代孫，後因精於地理之術，又雙腳肥厚，人稱肉腳仙。劉隆又傳道於其子，人稱賽肉腳，後來賽肉腳傳道於二個人，一個是貴州威寧的夏回子，一個是江西太和場的江天潭。

夏回子習地理之術後，傳道在貴州，雲南一帶，江天潭在回江西老家途中，路經四川瀘州時傳下一脈，隨後便回江西太和場。自此，一脈分為二支（至於江西太和場是否還有傳承的分支，目前尚且不知）。

據瀘州一脈的傳承記載，江天潭的第二代弟子許福山曾訪道到貴州的威寧，并邀師叔公夏回子一同到四川瀘州，不意月餘後，夏回子病故在瀘州雲龍鎮的小橋子，後被葬在大垻子河邊。（即現今瀘州機場附近，小橋子和大垻子都是雲龍

鎮裡的小地名）

貴州這一脈，由夏回子傳道至今，已傳有十代，其中以第五代的傳承人宋煥章最為代表，宋煥章以前在貴州畢節某地做鎮長，在抗戰時期，因牽涉到一起命案而流入到清鎮縣……後因為他的地理之術精深，被人稱為宋陰陽，在當地流下了很多的故事，也傳下了宗支，將地理之道傳在了貴州清鎮，同時傳有《地理九玄訣》一書和口傳《宋氏答問》。

四川瀘州一脈，由江天潭傳道之今，已有十一代。由江天潭傳下《肝忠節》一書，其中第三代傳承人夏芳溪，潛心好學，携糧走四方，又著有《萬法歸真》一書。

丁亥年，我同貴州夏回子一脈的傳承人趙清平在廣州相遇，徹夜長聊，之後，便有趙清平帶入師門學道數年而成，（即觀星斗之術，一眼便定乾坤）并得《地理九玄訣》和《宋氏答問》。

辛卯年，又在南京遇到四川瀘州江天潭一脈的傳承人魯小蛟，之後，數次到瀘州同魯小蛟和張宏（江天潭一脈的另一位傳承弟子）日日登山覆舊墳，相互交流學習，深入了解師門密不外傳的核心内容，并得《肝忠節》和《萬法歸真》二本書。

丙申年，我寫《七星術——命理篇》一書時，需要有個人簡介，當時，因貴州一脈前幾代傳承的關係尚在整理中，經瀘州這一支的同意，暫時歸在瀘州一支的門下。如今，貴州這一支的傳承關係基本理清，我即正式歸入貴州一支的門下，為夏回子傳支的第八代傳承人，并在浙江傳支。今借寫書之際，特意作此說明。

心一堂術數古籍珍本叢刊　第一輯書目

占筮類			
1	擲地金聲搜精秘訣	心一堂編	沈氏研易樓藏稀見易占秘鈔本
2	卜易拆字秘傳百日通	心一堂編	
3	易占陽宅六十四卦秘斷	心一堂編	火珠林占陽宅風水秘鈔本
星命類			
4	斗數宣微	【民國】王裁珊	民初最重要斗數著述之一；未刪改本
5	斗數觀測錄	【民國】王裁珊	失傳民初斗數重要著作
6	《地星會源》《斗數綱要》合刊	心一堂編	失傳的第三種飛星斗數
7	《斗數秘鈔》《紫微斗數之捷徑》合刊	心一堂編	珍稀「紫微斗數」舊鈔
8	斗數演例	心一堂編	秘本
9	紫微斗數全書（清初刻原本）	題【宋】陳希夷	斗數全書本來面目；有別於錯誤極多的坊本
10–12	鐵板神數（清刻足本）——附秘鈔密碼表	題【宋】邵雍	無錯漏原版秘鈔密碼表　首次公開！
13–15	蠢子數纏度	題【宋】邵雍	蠢子數連密碼表打破數百年秘傳　首次公開！
16–19	皇極數	題【宋】邵雍	清鈔孤本附起例及完整密碼表研究神數必讀！
20–21	邵夫子先天神數	題【宋】邵雍	附手鈔密碼表研究神數必讀！
22	八刻分經定數（密碼表）	題【宋】邵雍	皇極數另一版本；附手鈔密碼表
23	新命理探原	【民國】袁樹珊	子平命理必讀教科書！
24–25	袁氏命譜	【民國】袁樹珊	
26	韋氏命學講義	【民國】韋千里	民初二大命理家南袁北韋
27	千里命稿	【民國】韋千里	
28	精選命理約言	【民國】韋千里	北韋之命理經典
29	滴天髓闡微——附李雨田命理初學捷徑	【民國】袁樹珊、李雨田	命理經典未刪改足本
30	段氏白話命學綱要	【民國】段方	民初命理經典最淺白易懂
31	命理用神精華	【民國】王心田	學命理者之寶鏡

62	地理辨正補註 附 元空秘旨 天元五歌 玄空精髓 心法秘訣等數種合刊	【民國】胡仲言	貫通易理、巒頭、三元、三合、天星、中醫
63	地理辨正自解	【清】李思白	公開玄空家「分率尺、工部尺、量天尺」之秘
64	許氏地理辨正釋義	【民國】許錦灝	民國易學名家黃元炳力薦
65	地理辨正天玉經內傳要訣圖解	【清】程懷榮	秘訣一語道破，圖文并茂
66	謝氏地理書	【民國】謝復	玄空體用兼備、深入淺出
67	論山水元運易理斷驗、三元氣運說附紫白訣等五種合刊	【宋】吳景鸞等	失傳古本《玄空秘旨》《紫白訣》
68	星卦奧義圖訣	【清】施安仁	三元玄空門內秘笈　清鈔孤本 過去均為必須守秘不能公開秘密 與今天流行飛星法不同
69	三元地學秘傳	【清】何文源	
70	三元玄空挨星四十八局圖說	心一堂編	
71	三元挨星秘訣仙傳	心一堂編	
72	三元地理正傳	心一堂編	
73	三元天心正運	心一堂編	
74	元空紫白陽宅秘旨	心一堂編	
75	玄空挨星秘圖 附 堪輿指迷	心一堂編	
76	姚氏地理辨正圖說 附 地理九星并挨星真訣全圖 秘傳河圖精義等數種合刊	【清】姚文田等	蓮池心法　玄空六法 門內秘鈔本首次公開
77	元空法鑑批點本——附 法鑑口授訣要、秘傳玄空三鑑奧義匯鈔 合刊	【清】曾懷玉等	
78	元空法鑑心法	【清】曾懷玉等	
79	曾懷玉增批蔣徒傳天玉經補註【新修訂版原（彩）色本】	【清】項木林、曾懷玉	
80	地理學新義	【民國】俞仁宇撰	揭開連城派風水之秘
81	地理辨正揭隱（足本） 附連城派秘鈔口訣	【民國】王邈達	
82	趙連城傳地理秘訣附雪庵和尚字字金	【明】趙連城	
83	趙連城秘傳楊公地理真訣	【明】趙連城	
84	地理法門全書	仗溪子、芝罘子	巒頭風水，內容簡核、深入淺出
85	地理方外別傳	【清】熙齋上人	巒頭形勢、「望氣」「鑑神」
86	地理輯要	【清】余鵬	集地理經典之精要
87	地理秘珍	【清】錫九氏	巒頭、三合天星，圖文並茂
88	《羅經舉要》附《附三合天機秘訣》	【清】賈長吉	清鈔孤本羅經、三合訣法圖解
89－90	嚴陵張九儀增釋地理琢玉斧巒	【清】張九儀	清初三合風水名家張九儀經典清刻原本！

心一堂術數古籍珍本叢刊　第一輯書目

91	地學形勢摘要	心一堂編	形家秘鈔珍本
92	《平洋地理入門》《巒頭圖解》合刊	【清】盧崇台	平洋水法、形家秘本
93	《鑒水極玄經》《秘授水法》合刊	【唐】司馬頭陀、【清】鮑湘襟	千古之秘，不可妄傳匪人
94	平洋地理闡秘	心一堂編	雲間三元平洋形法秘鈔珍本
95	地經圖說	【清】余九皋	形勢理氣、精繪圖文
96	司馬頭陀地鉗	【唐】司馬頭陀	流傳極稀《地鉗》
97	欽天監地理醒世切要辨論	【清】欽天監	公開清代皇室御用風水真本
三式類			
98-99	大六壬尋源二種	【清】張純照	六壬入門、占課指南
100	六壬教科六壬鑰	【民國】蔣問天	由淺入深，首尾悉備
101	壬課總訣	心一堂編	過去術家不外傳的珍稀六壬術秘鈔本
102	六壬秘斷	心一堂編	
103	大六壬類闡	心一堂編	
104	六壬秘笈——韋千里占卜講義	【民國】韋千里	六壬入門必備
105	壬學述古	【民國】曹仁麟	依法占之，「無不神驗」
106	奇門揭要	心一堂編	集「法奇門」、「術奇門」精要
107	奇門行軍要略	【清】劉文瀾	條理清晰、簡明易用
108	奇門大宗直旨	劉毗	天下孤本　首次公開 虛白廬藏本《秘藏遁甲天機》 奇門不傳之秘　應驗如神
109	奇門三奇干支神應	馮繼明	
110	奇門仙機	題【漢】張子房	
111	奇門心法秘纂	題【漢】韓信（淮陰侯）	
112	奇門廬中闡秘	題【三國】諸葛武侯註	
選擇類			
113-114	儀度六壬選日要訣	【清】張九儀	清初三合風水名家張九儀擇日秘傳
115	天元選擇辨正	【清】一園主人	釋蔣大鴻天元選擇法
其他類			
116	述卜筮星相學	【民國】袁樹珊	民初二大命理家南袁北韋
117-120	中國歷代卜人傳	【民國】袁樹珊	南袁之術數經典

心一堂術數古籍珍本叢刊　第二輯書目

編號	書名	作者	簡介
占筮類			
121	卜易指南(二種)	【清】張孝宜	民國經典，補《增刪卜易》之不足
122	未來先知秘術——文王神課	【民國】張了凡	內容淺白、言簡意賅、條理分明
星命類			
123	人的運氣	汪季高(雙桐館主)	五六十年香港報章專欄結集！
124	命理尋源	【民國】徐樂吾	民國三大子平命理家徐樂吾必讀經典！
125	訂正滴天髓徵義		
126	滴天髓補註 附 子平一得		
127	窮通寶鑑評註 附 增補月談賦 四書子平		
128	古今名人命鑑		
129-130	紫微斗數捷覽(明刊孤本)[原(彩)色本] 附 點校本 (上)(下)	馮一、心一堂術數古籍整理編校小組 整理	明刊孤本 首次公開！
131	命學金聲	【民國】黃雲樵	民國名人八字、六壬奇門推命
132	命數叢譚	【民國】張雲溪	子平斗數共通、百多民國名人命例
133	定命錄	【民國】張一蟠	民國名人八十三命例詳細生平
134	《子平命術要訣》《知命篇》合刊	【民國】鄒文耀、【民國】胡仲言撰	《子平命術要訣》科學命理；《知命篇》易理皇極、命理地理、奇門六壬互通
135	科學方式命理學	閻德潤博士	匯通八字、中醫、科學原理！
136	八字提要	韋千里	民國三大子平命理家韋千里必讀經典！
137	子平實驗錄	【民國】孟耐園	作者四十多年經驗 占卜奇靈 名震全國！
138	民國偉人星命錄	【民國】囂囂子	幾乎包括所民初總統及國務總理八字！
139	千里命鈔	韋千里	失傳民初三大命理家-韋千里 代表作
140	斗數命理新篇	張開卷	現代流行的「紫微斗數」內容及形式上深受本書影響
141	哲理電氣命數學——子平部	【民國】彭仕勛	命局按三等九級格局、不同術數互通借用
142	《人鑑——命理存驗·命理擷要》(原版足本)附《林庚白家傳》	【民國】林庚白	傳統子平學修正及革新、大量名人名例
143	《命學苑苑刊——新命》(第一集)附《名造評案》《名造類編》等	【民國】林庚白、張一蟠等撰	史上首個以「唯物史觀」來革新子平命學結集
相術類			
144	中西相人探原	【民國】袁樹珊	按人生百歲，所行部位，分類詳載
145	新相術	【美國】李拉克福原著、【民國】沈有乾編譯	通過觀察人的面相身形、色澤舉止等，得知性情、能力、習慣、優缺點等
146	骨相學	【民國】風萍生編著	結合醫學中生理及心理學，影響近代西、日、中相術深遠
147	人心觀破術 附運命與天稟	【日本】管原如庵、加藤孤雁原著，【民國】唐真如譯	觀破人心、運命與天稟的奧妙

心一堂術數古籍珍本叢刊　第二輯書目

148	《人相學之新研究》《看相偶述》合刊	盧毅安	集中外大成，無不奇驗；影響近代香港相術名著
149	冰鑑集	【民國】碧湖鷗客	各家相法精華、相術捷徑、圖文並茂附名人照片
150	《現代人相百面觀》《相人新法》合刊	【民國】吳道子輯	失傳民初相學經典二種　重現人間！
151	性相論	【民國】余晉龢	民初北平公安局專論相學與犯罪專著（犯罪學生物學派）
152	《相法講義》《相理秘旨》合刊	韋千里、孟瘦梅	命理學大家韋千里經典、傳統相術秘籍精華
153	《掌形哲學》附《世界名人掌形》《小傳》	【民國】余萍客	圖文并茂、附歐美名人掌形圖及生平簡介
154	觀察術	【民國】吳貴長	可補充傳統相術之不足
堪輿類			
155	羅經消納正宗	【明】沈昇撰、【明】史自成、丁孟章合纂	失傳四庫存目珍稀風水古籍
156	風水正原	【清】余天藻	●積德為求地之本，形家必讀！●純宗形家，與清代欽天監地理風水主張大致相同
157	安溪地話（風水正原二集）		
158	《蔣子挨星圖》附《玉鑰匙》	傳【清】蔣大鴻等	窺知無常派章仲山一脈真傳奧秘
159	樓宇寶鑑	吳師青	陽宅風水必讀、現代城市樓宇風水看法改革
160	《香港山脈形勢論》《如何應用日景羅經》合刊		香港風水山脈形勢專著
161	三元真諦稿本——讀地理辨正指南	【民國】王元極	被譽為蔣大鴻、章仲山後第一人內容直接了當，盡揭三元玄空家之秘
162	三元陽宅萃篇		
163	王元極增批地理冰海　附批點原本地理冰海	【清】高守中　【民國】王元極	
164	地理辦正發微	【清】唐南雅	極之清楚明白，披肝露膽
165-167	增廣沈氏玄空學　附　仲山宅斷秘繪稿本三種、自得齋地理叢說稿鈔本（上）（中）（下）	【清】沈竹礽	玄空必讀經典！附《仲山宅斷》幾種鈔本及批點本，畫龍點晴、披肝露膽，道中刊印本未點破的秘訣
168-169	巒頭指迷（上）（下）	【清】尹貞夫原著、【民國】何廷珊增訂、批注	圖文并茂：龍、砂、穴、水、星辰九十九變 洩漏天機：蔣大鴻、賴布衣挨星秘訣及用法
170-171	三元地理真傳（兩種）（上）（下）	【清】趙文鳴	蔣大鴻嫡派真傳張仲馨一脈二十種家傳秘本、宅墓案例三十八圖，並附天星擇日
172	三元宅墓圖　附　家傳秘冊		
173	宅運撮要	【民國】尤惜陰（演本法師）、榮柏雲	撮三集《宅運新案》之精要
174	章仲山秘傳玄空斷驗筆記　附　章仲山斷宅圖註	【清】章仲山傳、【清】唐鷺亭纂	無常派玄空不外傳秘中秘！二宅實例有斷驗及改造內容
175	汪氏地理辨正發微　附　地理辨正真本	【清】蔣大鴻、姜垚原著、【清】汪云吾發微	蔣大鴻嫡派張仲馨一脈三元理、法、訣具體泄露 三百年來最佳《地理辦正》註解！石破天驚！
176	蔣大鴻家傳歸厚錄汪氏圖解	【清】蔣大鴻、【清】汪云吾圖解	
177	蔣大鴻嫡傳三元地理秘書十一種批注	【清】蔣大鴻原著、【清】汪云吾、【清】劉樂山註	

心一堂術數古籍珍本叢刊　第二輯書目

178	《星氣(卦)通義(蔣大鴻秘本四十八局圖并打劫法)》《天驚秘訣》合刊	題【清】蔣大鴻 著	江西興國真傳三元風水秘本
179	蔣大鴻嫡傳天心相宅秘訣全圖附陽宅指南等秘書五種	【清】蔣大鴻編訂、【清】汪云吾、劉樂山註	蔣大鴻徒張仲馨秘傳陽宅風水「教科書」！
180	家傳三元地理秘書十三種		真天宮之秘　千金不易之寶
181	章仲山門內秘傳《堪輿奇書》附《天心正運》	【清】章仲山傳、【清】華湛恩	直洩無常派章仲山玄空風水不傳之秘
182	《挨星金口訣》、《王元極增批補圖七十二葬法訂本》合刊	[民國]王元極	秘中秘——玄空挨星真訣公開！字字千金！
183-184	《家傳三元古今名墓圖集附謝氏水鉗》《蔣氏三元名墓圖集》合刊(上)(下)	(清)孫景堂，劉樂山，張稼夫	蔣大鴻嫡傳風水宅案、幕講師、蔣大鴻、姜垚等名家多個實例，破禁公開！
185-186	《山洋指迷》足本兩種 附《尋龍歌》(上)(下)	【明】周景一	風水巒頭形家必讀《山洋指迷》足本！
187-196	蔣大鴻嫡傳水龍經注解 附 虛白廬藏珍本水龍經四種(1-10)	【清】蔣大鴻編訂、【清】楊臥雲、汪云吾、劉樂山註	蔣大鴻嫡傳一脈授徒秘笈 希世之寶 千年以來，師師相授之秘旨，破禁公開！完整了解蔣氏嫡派真傳一脈三元理、法、訣！附已知最古《水龍經》鈔本等五種稀見《水龍經》
197	批注地理辨正直解		
198	《天元五歌闡義》附《元空秘旨》(清刻原本)	【清】章仲山	無常派玄空必讀經典未刪改本！
199	心眼指要(清刻原本)		
200	華氏天心正運	【清】華湛恩	
201-202	批注地理辨正再辨直解合編(上)(下)	【清】蔣大鴻原著、【清】姚銘三再註、【清】章仲山直解	失傳姚銘三玄空經典重現人間！名家：沈竹礽、王元極推薦！
203	章仲山注《玄機賦》《元空秘旨》附《口訣中秘訣》《因象求義》等九種合刊	【清】章仲山	近三百年來首次公開！ 章仲山無常派玄空秘密，和盤托出！
204	章仲山門內真傳《三元九運挨星篇》《運用篇》《挨星定局篇》《口訣篇》等合刊	【清】章仲山、柯遠峰等	章仲山注《玄機賦》及章仲山原傳之口訣及筆記
205	章仲山門內真傳《大玄空秘圖訣》《天驚訣》《飛星要訣》《九星斷略》《得益錄》等合刊	【清】章仲山、冬園子等	
206	撼龍經真義	吳師青註	近代香港名家吳師青必讀經典
207	章仲山嫡傳《翻卦挨星圖》《秘鈔元空秘旨》 附《秘鈔天元五歌闡義》	【清】章仲山傳、【清】王介如輯撰	透露章仲山家傳玄空嫡傳學習次弟及關鍵不傳之秘
208	章仲山嫡傳秘鈔《秘圖》《節錄心眼指要》合刊		
209	《談氏三元地理大玄空實驗》附《談養吾秘稿奇門占驗》	【民國】談養吾撰	史上首次公開「無常派」下卦起星等挨星秘密之書
210	《談氏三元地理濟世淺言》附《打開一條生路》		了解談氏入世的易學卦德爻象思想
211-215	《地理辨正集註》附 《六法金鎖秘》《巒頭指迷真詮》《作法雜綴》等(1-5)	【清】尋緣居士	集《地理辨正》一百零八家註解大成精華 匯巒頭及蔣氏、六法、無常、湘楚等秘本 史上最大篇幅的《地理辨正》註解
216	三元大玄空地理二宅實驗(足本修正版)	【民國】尤惜陰(演本法師)、榮柏雲撰	三元玄空無常派必讀經典足本修正版

心一堂術數古籍珍本叢刊　第二輯書目

217	蔣徒呂相烈傳《幕講度針》附《元空秘斷》《陰陽法竅》《挨星作用》	【清】呂相烈	蔣大鴻門人呂相烈三元秘本 三百年來首次破禁公開！
218	挨星撮要（蔣徒呂相烈傳）		
219-221	《沈氏玄空挨星圖》《沈註章仲山宅斷未定稿》《沈氏玄空學（四卷原本）》合刊（上中下）	【清】沈竹礽 等	揭開沈氏玄空挨星五行吉凶斷的變化及不同用法 章仲山宅斷未刪本、沈氏玄空學原本佚文、玄空挨星圖稿鈔本 大公開！
222	地理穿透真傳（虛白廬藏清初刻原本）	【清】張九儀	三合天星家宗師張九儀畢生地學精華結集
223-224	地理元合會通二種（上）（下）	【清】姚炳奎	分發兩家（三元、三合）之秘，會通其用 詳解注羅盤（蔣盤、賴盤）；義理、斷驗俱精
其他類			
225	天運占星學 附 商業周期、股市粹言	吳師青	天星預測股市，神準經典
226	易元會運	馬翰如	《皇極經世》配卦以推演世運與國運
三式類			
227	大六壬指南（清初木刻五卷足本）		六壬學占驗課案必讀經典海內善本
228-229	甲遁真授秘集（批注本）（上）（下）	【清】薛鳳祚	明清皇家欽天監秘傳奇門遁甲 奇門、易經、皇極經世結合經典
230	奇門詮正	【民國】曹仁麟	簡易、明白、實用，無師自通！
231	大六壬探源	【民國】袁樹珊	民初三大命理家袁樹珊研究六壬四十餘年代表作
232	遁甲釋要	【民國】徐昂	推衍遁甲、易學、洛書九宮大義！
233	《六壬卦課》《河洛數釋》《演玄》合刊		疏理六壬、河洛數、太玄隱義！
234	六壬指南（【民國】黃企喬）	【民國】黃企喬	失傳經典 大量實例
選擇類			
235	王元極校補天元選擇辨正	原【清】謝少暐輯、【民國】王元極校補	三元地理天星選日必讀
236	王元極選擇辨真全書 附 秘鈔風水選擇訣	【民國】王元極	王元極天昌館選擇之要旨
237	蔣大鴻嫡傳天星選擇秘書注解三種	【清】蔣大鴻編訂、【清】楊臥雲、汪云吾、劉樂山註	蔣大鴻陰陽二宅天星擇日日課案例！
238	增補選吉探源	【民國】袁樹珊	按表檢查，按圖索驥：簡易、實用！
239	《八風考略》《九宮撰略》《九宮考辨》合刊	沈瓞民	會通沈氏玄空飛星立極、配卦深義
其他類			
240	《中國原子哲學》附《易世》《易命》	馬翰如	國運、世運的推演及預言

心一堂術數古籍整理叢刊

全本校註增刪卜易	【清】野鶴老人	李凡丁（鼎升）校註
紫微斗數捷覽（明刊孤本）附點校本	傳【宋】陳希夷	馮一、心一堂術數古籍整理小組點校
紫微斗數全書古訣辨正	傳【宋】陳希夷	潘國森辨正
應天歌（修訂版）附格物至言	【宋】郭程撰　傳	莊圓整理
壬竅	【清】無無野人小蘇郎逸	劉浩君校訂
奇門祕覈（臺藏本）	【元】佚名	李鏘濤、鄭同校訂
臨穴指南選註	【清】章仲山　原著	梁國誠選註
皇極經世真詮——國運與世運	【宋】邵雍　原著	李光浦
全本校註初刻卜筮正宗	【清】王洪緒　原著	李凡丁（鼎升）校註
學君平卜易存驗・管公明十三篇合刊	【清】華日新　撰	劉長海校訂

心一堂當代術數文庫

增刪卜易之六爻古今分析	愚人
命理學教材（第一級）	段子昱
命理學教材　之　五行論命口訣	段子昱
斗數詳批蔣介石	潘國森
潘國森斗數教程（一）：入門篇	潘國森
紫微斗數登堂心得：三星秘訣篇——潘國森斗數教程（二）	潘國森
紫微斗數不再玄	犂民
玄空風水心得（增訂版）（附流年催旺化煞秘訣）	李泗達
玄空風水心得（二）——沈氏玄空學研究心得（修訂版）附流年飛星佈局	李泗達
廖氏家傳玄命風水學（一）——基礎篇及玄關地命篇	廖民生
廖氏家傳玄命風水學（二）——玄空斗秘篇	廖民生

廖氏家傳玄命風水學（三）——楊公鎮山訣篇 附 斷驗及調風水	廖民生
廖氏家傳玄命風水學（四）——秘訣篇：些子訣、兩元挨星、擇吉等	廖民生
《象數易——六爻透視：入門及推斷》修訂版	愚人
《象數易——六爻透視：財股兩望》	愚人
《象數易——六爻透視：病在何方》	愚人
《象數易——六爻透視：自身揭秘》	愚人
命卜隨筆	林子傑
香港特首命格臆解——斗數子平合參再探	潘國森
玄空風水心得（三）——玄空基礎探微	李泗達
金庸命格淺析：斗數子平合參初探	潘國森
星河金銀秘解：《星宗》與《河洛理數・金鎖銀匙》用法秘解	李光浦
閒坐小窗讀周易	劉軼
七星術（正傳）——命理預測篇	黃煒祥
看明地理——形家巒頭傳針附劉基蔣大鴻等墓分析	黃煒祥

京氏易六親占法古籍校注系列（虎易校注整理）

《京氏易傳》校注
《易洞林》校注
《郭氏洞林》校注《周易洞林》校注合刊
《火珠林》校注
《增注周易神應六親百章海底眼》校注
《卜筮元龜》校注
《周易尚占》校注
《斷易天機》校注
《易林補遺》校注
《卜筮全書》校注
《易隱》校注
《易冒》校注
《增删卜易》校注
《卜筮正宗》校注
《御定卜筮精蘊》校注
京氏易六親占法古籍著作辭典

心一堂易學經典文庫 已出版及即將出版書目

宋本焦氏易林（上）（下）	【漢】焦贛
周易易解（原版）（上）（下）	【清】沈竹礽
《周易示兒錄》附《周易說餘》	【清】沈竹礽
三易新論（上）（中）（下）	沈瓞民
《周易孟氏學》《周易孟氏學遺補》《孟氏易傳授考》	沈瓞民
京氏易八卷（清《木犀軒叢書》刊本）	【漢】京房
京氏易傳古本五種	【漢】京房
京氏易傳箋註	【民國】徐昂
推易始末	【清】毛奇齡
刪訂來氏象數圖說	【清】張恩霨
周易卦變解八宮說	【清】吳灌先
易觸	【清】賀子翼
易義淺述	何遯翁

書名：看明地理——形家巒頭傳針附劉基蔣大鴻等墓分析
系列：心一堂當代術數文庫・堪輿類
作者：黃煒祥
執行編輯：陳劍聰
封面設計：陳劍聰

出版：心一堂有限公司
通訊地址：香港九龍旺角彌敦道六一〇號荷李活商業中心十八樓〇五至〇六室
深港讀者服務中心：中國深圳市羅湖區立新路六號羅湖商業大厦負一層008室
電話號碼：(852) 90277110
網址：publish.sunyata.cc
電郵：sunyatabook@gmail.com
網店寶店地址：https://sunyata.taobao.com
微店地址：https://weidian.com/s/1212826297
臉書：https://www.facebook.com/sunyatabook
讀者論壇：http://bbs.sunyata.cc

版次：二零二三年十一月初版

平裝

定價：港幣　一佰九十八元正
新台幣　八佰八十八元正

國際書號　978-988-8583-09-6

香港發行：聯合新零售（香港）有限公司
香港新界荃灣德士古道220-248號荃灣工業中心16樓
電話號碼：(852)2150-2100
電郵：info@suplogistics.com.hk

台灣發行：秀威資訊科技股份有限公司
地址：台灣台北市內湖區瑞光路七十六巷六十五號一樓
電話號碼：+886-2-2796-3638 傳真號碼：+886-2-2796-1377
網絡書店：www.bodbooks.com.tw

心一堂微店二維碼

心一堂淘寶店二維碼